EIN HUND KAM IN DIE KÜCHE

Christine Nöstlinger

EIN HUND KAM IN DIE KÜCHE

Kleines Köchelverzeichnis für Männer

Edition Christine Nöstlinger im Dachs-Verlag

A - 1220 Wien, Biberhaufenweg 100/38
Illustrationen: Christiane Nöstlinger
Druck & Bindung: Theiss Druck, Wolfsberg
ISBN 3-85191-082-6
1. Auflage
96/09/21/100/1

Inhalt

Von der Fleischeslust und deren lustvollen Beilagen

Brot, der Urstoff mit Mythos

Nicht Jäger, Sammler sei der friedliche Mensch

Suppen muß man mögen – und den Suppen-Kaspar soll man in Frieden lassen

Vom Salat, der unter der Erde wächst

Was aus dem Meer (oder aus dem Zuchtbassin) kommt

Darf's noch ein bisserl mehr sein?

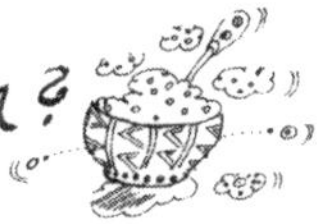

Lob den armen Wohlstandsopfern

Gibt's an End' gar noch was Süßes?

Und nach dem End' noch zum Schluß

Zum einschmeichelnden Aperitif

Jedem vernünftigen Menschen muß klar wie Würfelsuppe sein, daß „die wirklich großen Kochkünstler" die Männer sind!
Und warum dieses? Nun, einfach deshalb, weil es die Frauen in der „wirklich großen Kunst" noch auf keinem Gebiet sehr weit gebracht haben. Sie sind halt leider nicht so kreativ wie die Männer, und es wäre lächerlich-kindisch-feministisch, gerade beim Kochen in „künstlerisch wertvollem Rang" da eine Ausnahme machen zu wollen.
Nur ist halt der Umstand, daß etwa bislang alle wirklich genialen Maler Männer gewesen sind, absolut kein Garant dafür, daß der schlichte Ehemann Meier in der Praxis auch besser kocht, als seine schlichte Ehefrau Meier. Eh klar! Herr Meier malt doch nicht einmal besser als Frau Meier.
Das wäre aber nicht weiter problematisch, blieben Meier & Co nach wie vor partnerschaftsunwillig und der häuslichen Küche fern und stolz darauf, nicht einmal „Wasser weich kochen" zu

können. Doch unter zunehmendem öffentlichem wie privatem Druck betreten die Männer nun fast schon täglich das frühere „Reich der Frau" und werden in diesem meistens „wie die Hunde" behandelt.

Sie müssen dem Herrchen, das in diesem Fall ein Frauchen ist, gehorchen, sich unterordnen, Befehle ausführen, sogar regelrecht apportieren, indem sie als Handlanger und Zuträger mißbraucht werden.

„Bring das Mehl, nein, nicht das griffige!" Und: „Den Kren bitte, aber schnell!" Und: „Jetzt brauche ich die Reibe, links unten oder rechts oben muß die sein!"

Sowie: „Jetzt kannst du die Erdäpfel schälen, aber dünn, nicht solche Brocken wie gestern!"

Solchen Aufforderungen ohne Gemurr nachzukommen, fällt dem von Natur aus wenig subalternen Manne schwer. Wozu, grollt er, sei er erwachsen geworden? Doch nicht dazu, daß ihn nun eine Ehefrau exakt zu dem mißbraucht, wozu ihn seine Mutter in Kindertagen vergeblich animieren wollte!

Da hilft dem Manne nur: Küchenautonom werden!

Machomäßig formuliert: Zusätzlich zum kreativen, von Natur aus vorhandenen Talent soviel handwerkliches Können zu erwerben, daß er seelenruhig die Küche betreten, das Weib aus dieser stampern, die Schürze umbinden, das Schild HEUTE KOCHT DER CHEF an die Tür hängen und diese hinter sich schließen kann. Und sie hernach auch nicht alle paar Minuten wieder öffnen muß, um ein verzweifeltes, demütiges SOS ins Wohnzimmer rüber zu senden.

Dieses kleine Buch hat nicht den Ehrgeiz, Meier & Co zu Superköchen zu machen, die jedweder Speise Herr werden. Aber es bietet dem Manne, der seinen hündischen Küchenstatus pappsatt hat, viele Möglichkeiten, vaterseelenallein in der Küche Köstliches zuwege zu bringen, wenn's sein soll – und das Besteck reicht – auch für zehn Leute. Daß die Rezepte für den Mann, soweit möglich, nach dem Gesichtspunkt „künstlerisch wertvoll" ausgewählt wurden, versteht sich nach den vorangestellten Erklärungen wohl von selbst.

Ein munteres VORAN AN DEN HERD wünscht

Christine Nöstlinger

VON DER FLEISCHESLUST & DEREN LUSTVOLLEN BEILAGEN

Vom verblüffenden Effekt

Daß der Mensch auch mit den Augen ißt, weiß natürlich selbst jede kochende Frau, und die bemüht sich auch redlich, nichts zu servieren, was irgendwie ungustiös wirken könnte. Allerdings versuchen sich Frauen nur sehr selten in „verblüffenden Effekten" und lassen völlig außer acht, daß sich doch auch jeder Kunstkritiker bei der Besichtigung eines Kunstwerkes zuerst einmal fragt *„Ist das neu?"* und kaum etwas zur großen Kunst zählt, wenn er sich zur Antwort geben muß: *„Schon hundertmal gesehen!"* Demgemäß möge der Mann kochen!

Was er auf den Tisch bringt, sollte nicht alltäglich sein, sollte entzücktes Erstaunen rund um die Tafel auslösen.

Es schadet nicht einmal, wenn das Entzücken erst nach dem Verkosten des ersten Bissens eintritt, und dieser noch zögerlich zum Munde geführt wird, als ginge es um die Einnahme eines nicht zugelassenen Medikamentes!

Im Sinne dieses Verblüffungseffektes schlage ich fürs erste eine ganz kinderleichte Kochübung vor: Sauerkraut mit G'selchtem.

Wie? Das verblüffe doch keine einzige Esserseele, das sei stinknormales Beisl-Futter, das würde höchstens einen Ureinwohner von Papua-Neuguinea beeindrucken?

Keineswegs, wir bereiten nämlich das G'selchte so zu, daß es nicht mehr wie ein G'selchtes ausschaut, und das Sauerkraut entfremden wir farblich dermaßen, daß es überhaupt nicht wiederzuerkennen ist.

Wir servieren:

G'selchter Karreebraten mit rotem Sauerkraut

Da es die erste Übung ist und der Anfänger streßfrei bleiben soll, lädt er tunlichst dazu nicht soviele Leute ein, wie er Sessel in der Wohnung hat, sondern beschränkt sich auf vier Personen.

Und damit die knappen zwei Küchenstunden noch streßfreier bleiben, läßt er den passenden Erdäpfelschmarrn weg und reicht als Beilage Semmerln oder Bauernbrot.

(Die knappen zwei Küchenstunden sind aber keineswegs 120 Minuten Schwerarbeit, da gibt es etliche Ruhepausen zum Zeitunglesen, Bierchentrinken oder Kreuzworträtsellösen.)

Ein Stück ausgelöstes Selchkarree (also eines ohne Knochen, weil sich das besser schneiden läßt), 80 dag bis ein Kilo schwer, wenn Sie freudige Fresser verköstigen,

1 Bund Suppengrün, 2 Loorbeerblätter,
3 Nelken, 4 Wacholderbeeren,
5 Pfefferkörner und
1 gehäufter Eßlöffel Staubzucker.

… UND SO GEHEN SIE ANS WERK:

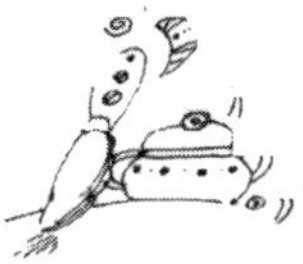

Sie nehmen einen Kochtopf, der im Durchmesser der Länge Ihres Karreestücks entspricht. Sie tun kaltes Wasser in den Topf, stellen ihn auf den Herd und bringen das Wasser zum Sieden. Der Wasserstand im Topf sollte etwas höher sein, als das Karree dick ist. Und den Topf wählen Sie vorsorglich so hoch, daß vom Wasserspiegel bis zum Topfrand noch einige Zentimeter Spielraum bleiben, denn wo es köchelt, geht leicht was „über"; und je voller der Topf, umso leichter „geht's über", und das ergäbe dann grausigen Gestank und lästige Herdputzerei.

Während das Wasser heiß wird, putzen Sie das Grünzeug. Putzen heißt in diesem Falle: Sie schneiden dem Stück Sellerieknolle die harte Kruste weg und schaben die Karotte, die Petersilienwurzel und die gelbe Rübe von den dicken Enden zu den Spitzen hin blitzsauber.

Dann schneiden Sie alles Geputzte in grobe Stücke und werfen diese ins Wasser.

Hinterher streuen Sie die Gewürze rein.

Kocht das Wasser, lassen Sie Ihr Karreestück ins Sprudelnde reingleiten. Das Wasser wird nun kurzfristig, geschockt vom kalten Karree, zu kochen aufhören. Sie warten ab, bis es wieder richtig ins Sprudeln kommt, dann schalten Sie auf kleinere Hitze und warten weiter, bis sich das Wasser zu schwachem Köcheln besänftigt hat, legen dem Topf einen Deckel auf und lassen das Fleisch solang sieden, wie es der Fleischhauer, den Sie danach gefragt haben, empfohlen hat. Hier eine genaue Kochzeit anzugeben, wäre unseriös, denn ich kenne Dicke und Zartheit Ihres Karrees nicht. Da weiß der Fleischhauer, der es über die Budel gereicht hat, besser Bescheid. 10 Minuten bevor diese Zeit abgelaufen ist, heizen Sie ihr Backrohr an. Auf 220 Grad, Ober- und Unterhitze.

Oder auch nur Oberhitze, falls Ihr Herd das kann. Den Grill einschalten, wäre auch möglich. Aber so ein Grill hat seine Tücken, er bräunt rasant, da könnte man leicht ein großes Brikett aus dem Rohr ziehen, wenn man nicht wie ein Haftelmacher aufpaßt.
Ist die Kochzeit um, holen Sie das Karree aus dem Sud, tunlichst mit einer langzackigen Bratengabel, und legen es auf eine feuerfeste Platte oder in eine Bratpfanne. Dann zuckern Sie es. So wie Ihre Oma die Krapfen überzuckert hat! Nun schieben Sie das überzuckerte Karree ins heiße Rohr und beobachten es. Haben Sie keine Backrohrtür mit Fenster, müssen Sie halt alle zwei Minuten das Türl öffnen!
Zuerst schmilzt der Zucker, dann wirft er Blubberblasen, hierauf bräunt er sich. Hat er das Geselchte mit einer Glanz-Kruste überzogen, holen Sie die Platte bzw. Pfanne hurtig aus dem Backrohr, denn vom Braun- zum Schwarzwerden dauert es beim Zucker nicht lange.
Womit unser Braten fertig ist! Bevor Sie ihn aufschneiden, sollte er allerdings noch fünf bis zehn Minuten friedlich ruhen, damit sich der Fleischsaft schön gleichmäßig in ihm verteilt. Angst haben, daß er währenddessen auskühlt, brauchen Sie nicht, wenn Sie ihn in der heißen Pfanne liegen lassen und lose ein Stück Alufolie drüberdecken. Natürlich können Sie das Aufschneiden des Bratens schon in der Küche vollbringen. Am glattesten geht's mit einem Elektromesser. Aber ich würde den Braten im ganzen Stück zu Tische bringen. Von wegen seiner wunderschönen Kruste und des „Effektes" den diese auf die Tafelrunde ausüben wird. Und wer meint, schauspielerisches Talent zu haben, der kann auch noch nebst Fleischmesser und Braten den Wetzstahl zum Eßtisch mitnehmen und der Tafelrunde vor dem Anschneiden einen Profi-Messerschleifer vorspielen. Das wirkt sehr, sehr fachkundig und appetitanregend.

... Und nun unser rotes Sauerkraut!!

DAZU BRAUCHEN SIE:

50 dag Sauerkraut
25 dag Rote Rüben
5 dag Schmalz (ginge auch Öl, das schmeckt aber nicht so gut. Optimal wäre Gänseschmalz, aber wer hat das schon?!)
10 dag rote Zwiebeln
1/4 l Rotwein (auf die Sorte kommt es nicht so an, aber süßer Dessertwein darf es natürlich nicht sein.)
Salz & Pfeffer

...UND SO GEHEN SIE VOR:

Sie schälen die Roten Rüben und schneiden sie in dünne Scheiberln, so etwa 2 mm dick.
Die Scheiberln säbeln Sie auf Stifterln, auch 2 mm breit.
Die Zwiebel schälen Sie, halbieren sie vom Bart zum Zipfel hin, legen sie mit der Schnittfläche aufs Schneidbrett und schneiden sie in sehr dünne Streiferln. Wenn wir schon bei Millimeter-Angaben sind: 1 mm breite Zwiebelfäden sollten ein optimales Ergebnis sein.
Nun zerlassen Sie das Schmalz in einem passenden Reindl.
Ist es richtig heiß geworden, also sanft brutzelnd, tun Sie das Sauerkraut, die Roten Rüben-Stifterln und die Zwiebelfäden dazu, und rühren kräftig durch. „Andünsten" nennt man das, und länger als drei bis vier Minuten sollte es nicht dauern. Hierauf schütten Sie den Rotwein ins Kraut, schalten auf kleine Hitze, legen einen passenden Deckel aufs Reindl und lassen das Kraut eine halbe Stunde dünsten. Wenn Sie alle paar Minuten den Deckel heben, kurz umrühren und nachschauen, ob noch genug Flüssigkeit im Reindl ist, kann es nicht schaden.
Sollte schon vor Ablauf der halben Stunde Trockenheit im Reindl herrschen und damit die Anbrenngefahr akut werden, gießen Sie halt noch Rotwein zu. Gerade so viel, daß der Reindlboden bedeckt ist. Zum Schluß kosten Sie ihr „rotes Sauerkraut". Etwas Pfeffer verträgt es gewiß noch, eine Prise Salz wahrscheinlich ebenfalls. Mehr zu würzen, auch wenn Männer mit Begeisterung ins Gewürzregal greifen und experimentierfreudig Streuer zur Hand nehmen, wäre übertrieben und dem Sauerkraut-Eigengeschmack nicht dienlich. **Merke:** Mit Gewürzen spielt man nicht! Denn ein unpassendes Gewürz, einmal untergerührt, ist nicht mehr rauszuholen!

Nur kein falscher Ehrgeiz

Männern liegt üblicherweise der Leistungsgedanke nicht fern, und wer danach giert, Spitzenleistungen zu vollbringen, neigt auch dazu, sich mit anderen messen zu wollen. Das mag im Berufe Erfolg bringen, aber der männlich-häusliche Koch sollte sich nicht, durch einiges Lob zu Selbswertgefühl gelangt, nun zum Ziel setzen, der ganzen Familie zu beweisen, daß er den Schweinsbraten ebensogut hinkriegt wie die Schwiegermama!
Die Frau macht ihr Bratl schließlich seit 40 Jahren, ist beim Fleischhauer Respektsperson, nie würde ihr der etwas anderes als das „beste Stückl" zu geben wagen. Sie hört zudem aus Erfahrung schon am Brutzelgeräusch, das aus dem Ofen kommt, ob sie nun aufgießen soll. Und ein Bratl richtig würzen, das könnte sie sogar im Schlafe. Zudem umschwebt dieses schwiegermütterliche Bratl ein Familienmythos! Selbst wenn der Schwiegersohn seines ebenbürtig hinkriegen würde, man würde es nicht zur Kenntnis nehmen.
Treten Sie also nie in Konkurrenz zu familieninternen Spitzenleistungen!
Aber vom Schwein – um beim Beispiel zu bleiben – müssen Sie trotzdem nicht die Finger lassen. Machen Sie halt „Lungenbraten mit Morcheln gefüllt". So etwas hat die Schwiegermama nicht einmal noch gegessen, geschweige denn gekocht! Na ja, getrocknete Morcheln sind sauteuer. Aber DER CHEF DES HAUSES kocht ja sowieso nicht jeden Tag. Und seine liebe Frau, die bringt das hernach durch Alltagskochen auf Sparflamme schon wieder rein.

Schweinslungenbraten mit Morcheln gefüllt

Für drei große oder vier kleine Portionen:

5 dag getrocknete Morcheln,
3 kleine Lungenbraten (ca. 70 dag),
2 Schalotten (oder 1 Zwiebel),
5 dag durchwachsener Speck,
3 dag Butter, 1 Eßlöffel Öl,
1/4 kg fleischige Paradeiser,
1/8 l Crème fraîche, 1/4 l Obers,
Salz & Pfeffer.

So werken Sie:

Die Morcheln in einem Sieb mit Wasser abbrausen, dann in 1/4 l Wasser einweichen.

Am Lungenbraten alles Weiße vom Rosigen runterschnipseln. Dann die an Fischerln gemahnenden Fleischstücke der Länge nach ein-, aber nicht durchschneiden, die Fischerln aufklappen, beidseitig salzen und pfeffern.

Jetzt bringen Sie reichlich Wasser zum Kochen, legen die Paradeiser kurz ins kochende Wasser, fischen sie raus und schrecken sie unter kaltem Wasser ab; nun lassen die sich leicht die Haut abziehen. Dann werden sie halbiert, der Stengelansatz wird rausgeschnitten, Saft und Körner werden rausgequetscht, das verbliebene Fruchtfleisch wird auf kleine Würferln geschnitten. Da Männer exakte Angaben lieben: Kantenlänge 6 mm!

Jetzt werden die Schalotten geschält, halbiert, zuerst in dünne Scheiben, und diese dann in klitzekleine Würferln geschnitten.

Hierauf zerlassen Sie die Butter, tun die Zwiebel rein und dünsten sie auf milder Hitze glasig an. Dann holen Sie die Morcheln aus dem Wasser, drücken sie aus und geben sie zu den Zwieberln. Ein, zwei Minuten rühren Sie im Gemisch, dann ziehen Sie es vom Herd, salzen es ein bißchen und lassen es auskühlen.

Ist es ausgekühlt, verteilen Sie je ein Drittel auf je ein aufgeklapptes „Fischerl", wobei Sie etwa 1,5 cm Rand frei lassen. Dann klappen Sie die „Fischerln" zusammen und umwickeln jedes spiralförmig mit Küchengarn, rauf und runter, und verknoten die Enden.

Ist's getan, schnipseln Sie den Speck klein und erhitzen ihn mit dem Öl in einer Pfanne; sind aus den Würferln kleine Grammerln geworden, fischen Sie die Grammerln aus dem Fett, legen die Fischerln ins Fett rein und braten sie auf jeder Seite rasch an. Dann reduzieren Sie die Hitze und tun vom Morchel-Einweichwasser ein paar Löffel zwischen die „Fischerln".

Sie legen einen Deckel auf die Pfanne und lassen die Fischerln vor sich hinschmurgeln. Mehrmaliges Deckellüften, um zu sehen, ob nicht alles Morchelwasser verdunstet ist, kann nicht schaden. Ist es verdunstet, geben Sie noch ein, zwei Löfferln dazu.

Nach 15 Minuten nehmen Sie die „Fischerln" aus der Pfanne und wickeln sie, zwecks Warmhaltung, in Alufolie.

In den Bratfond schütten Sie das restliche Morchelwasser und das Obers.

Nun schalten Sie auf größte Hitze und kochen unter ständigem Rühren das Soßerl dicklich ein.

Dann rühren Sie noch Crème fraîche dazu, die Paradeiserwürferln und die Speckgrammerln, und würzen mit Salz und Pfeffer.

Die „Fischerln" wickeln Sie aus der Folie, schneiden sie in dicke Scheiben, legen die Scheiben auf eine – tunlichst warme – Platte und umkänzen sie mit dem Soßerl.

Sogar Frau Schwiegermama wird piffpaff sein! Und sich heimlich eingestehen müssen, daß der Mann, den sie seinerzeit für ihre

Tochter lieber gehabt hätte, gegen Sie der totale Mißgriff gewesen wäre.

Weil Sie mit dem Fleisch ja nun wahrlich reichlich Arbeit hatten und einigermaßen auch intellektuell enorm in Anspruch genommen wurden, haben Sie als Beilage bloß 1 A-Qualitätsnudeln gemacht:
Nudelwasser (mit 1 Teelöffel Salz und 2 Eßlöffel Öl) aufstellen, es zum heftig wallenden Kochen bringen, Nudeln reinwerfen, einmal umrühren, nach vorgeschriebener Kochzeit den Topf über einem Sieb entleeren, das ist doch kein allzugroßer „Koordinations-Streß" für Sie, oder?
Und falls Sie die schlichten Nudeln doch noch gerne ein wenig aufwendiger hätten, mischen Sie halt einen Klacks Butter und reichlich Schnittlauchröllchen drunter.
Oder Sie machen es kreativ, und geben statt der Schnittlauchröllchen zwei Löffel geriebenen Mohn dazu.
Oder statt des Mohns eine Handvoll kleingezupfter Basilikumblätter!
Oder etwas geriebenen Parmesan.
Oder Petersilie!

Von den trottelsicheren, aber kostenintensiven fleischlichen Küchentricks

Klarerweise kann der Super-Koch aus jedem Fleischstück eine köstliche Speise zubereiten. Aber welches Fleischstück sich für welche Art der Zubereitung eignet, und wie man es richtig zu behandeln hat, das läßt sich nicht aus einem kleinen Bücherl rauslesen. Das läßt sich nicht einmal aus einem dicken Buch rauslesen. Dazu bedarf es einfach sehr viel praktischer Erfahrung.

Der Mir-gelingt-immer-alles-Trick bei den Fleischspeisen heißt: Filet!

Da kann einfach nichts schiefgehen!

Ein Filet, egal von welchem Vieh, bleibt einfach „zart". Es kann mehr oder weniger „durch" sein, ist aber im Grunde roh ebenso gut zu genießen wie „übergar", jede Sorge des Kochs, daß er etwas falsch machen könnte, fällt also weg. Dafür sind halt diese Filetstücke leider nur zu den berühmten Apotheker-Preisen zu haben.

Eh klar! Auf Erden ist eben alles urteuer, was rar ist, und der werte Schöpfer hat leider die Filets in den Viechern knapp bemessen.

Aber wer beim Fleisch „auf Nummer sicher" gehen will, der sollte sein Geld in Filets investieren. Womit er auch bei denen, für die er kocht, „auf Nummer sicher" geht. Die wackeren Leute, die am liebsten ihre Zähne in fette Stelzen schlagen, denen das Gulasch am besten schmeckt, wenn's „saftig" ist, was in Wahrheit heißt, daß die Fleischbrocken darin mit Gallerte gespickt und von Fettadern durchzogen sind, sterben nämlich sowieso rapide aus.

In diesem Sinne folgt nun „Rindsfilet".

Mamma-mia-Steaks

Für vier üppige Portionen sind nötig:
4 Schnitten Rindslungenbraten, aus der Mitte geschnitten, jede 15-20 dag schwer, je nachdem, wie Sie die Mägen der Gäste einschätzen, und je nachdem, ob vorher oder nachher noch was auf die Teller kommt.
1 Eßlöffel Olivenöl,
Pfeffer aus der Mühle,
5 dag Pinienkerne,
5 dag Zwiebel,
1 Zecherl Knoblauch,
2 Bund Basilikum,
5 dag Parmesan im Stück,
10 dag getrocknete Paradeiser in Öl,
2 dag Butterschmalz,
1/16 l italienischer Rotwein,
2 dag Butter
und ein paar Fäden Küchengarn,

um die Steaks in absolute Rundform zu bringen, indem der Faden, wie ein Gürtel, dem Steak um die Mitte gebunden wird. Wobei natürlich die Mitte des „Mantels“ gemeint ist, wenn man ein Steak geometrisch als sehr flachen „Zylinder“ sieht. Aber wenn Sie nicht unbedingt auf exakt runde Steaks Wert legen, können Sie diese Rundbinderei ruhig auch bleiben lassen.

So werken Sie:

Die Steaks – ob gebunden oder auch nicht – auf der Ober- wie der Unterseite mit dem Olivenöl ordentlich einreiben und tüchtig pfeffern und ganz zart salzen. Ganz zart deshalb, weil auf sie später ohnehin noch allerhand Salziges draufkommen wird. Die Pinienkerne in einer trockenen Pfanne leicht goldbraun rösten.

Rütteln Sie dabei die Pfanne oder rühren Sie ständig um, sonst kriegen Sie statt einheitlich goldgelber Pinienkerne welche, die auf der Unterseite schwarz und der Oberseite weiß sind!

Dann die goldgelben Pinienkerne grob hacken, das geht händisch ganz leicht, denn sie sind weich und spritzen Ihnen nicht so hurtig davon wie etwa spröde Mandeln. In einem Blitzhacker à la Moulinette geht's nur bequemer für Sie, wenn Sie einen Adlatus neben sich haben, der für Sie das benutzte Geschirr und Gerät subaltern abwäscht.

Zwiebel schälen und fein hacken, Knoblauch schälen und pressen oder auch händisch „pecken", also mit einem schweren Messer zerquetschen.

Die Basilikumblätter von den Stengeln zupfen und in grobe Streifen schneiden.

Den Parmesan ebenfalls grob reiben. Auf dem Teil des Reibeisens, wo die Erdäpfel für den Schmarrn gerieben werden.

Die Paradeiser in ein Sieberl legen und über einer Tasse abtropfen lassen, damit das abtropfende Öl nicht verlorengeht, das wird gleich noch gebraucht. Die abgetropften Paradeiser fein hacken.

In einer Pfanne das abgetropfte Paradeiser-Öl mittelheiß werden lassen, die Zwiebelwürfel und den Knoblauchgatsch darin kurz glasig andünsten, die Pinienkernbrösel und die Basilikumstreifen druntermischen (ein paar Streiferln zum Garnieren zurückbehalten) und mit Pfeffer würzen.

In einer für die vier Steaks gerade richtig großen Pfanne das Butterschmalz heiß machen, die Medaillons darin zart anbraten, zuerst vier Minuten auf der einen Seite, dann vier Minuten auf der anderen, dann die Pfanne vom Herd nehmen und den Grill im Backrohr anheizen.
Die angebratenen Steaks in eine flache, feuerfeste Form umsiedeln.
Den Bratfond in der Pfanne mit zwei Eßlöffel vom Rotwein loskochen, das Losgekochte unter die Paradeiser-Basilikum-Zwiebel-Knoblauch-Mischung rühren.
Dann dieses Vermischte gerecht auf den Steaks verteilen.
Nun noch den geraspelten Parmesan drüber streuen und mit ein paar Butterflöckchen belegen.
Den restlichen Rotwein zwischen die Steaks in die feuerfeste Form tröpfeln.
Nun die Form auf der zweiten Einschubleiste von unten ins Rohr schieben und etwa sieben Minuten übergrillen, aber dabei die Steaks beobachten! Falls der Parmesan schon zwei Minuten vorher geschmolzen sein sollte und zu einer harten Kruste zu verkommen droht, dann halt früher raus aus dem Ofen mit den Steaks!
Sind die Steaks fertig, allenfalls vorhandene Fleischfäden abschnipseln.
Mehr als etwas resches Weißbrot und einen kleinen grünen Salat braucht es dazu wahrlich nicht.

Von der gar nicht dummen Pute

Früher einmal, da hieß dieses Tier bei uns „Indian", und es wurde nur zu hohen Feiertagen, und dann im ganzen und mühselig knusprig braun gebraten, auf die gutbürgerlichen Festtafeln gestellt.
Und der Herr des Hauses machte sich dann daran, ihm mit dem schärfsten Messer des Hauses das Fleisch von den Knochen zu säbeln. Wobei man an den mehr oder minder guten Teilen, welche er den rund um den Tisch Sitzenden zudachte, auch ersehen konnte, wer im Hause welche „Stellung" einnahm.
Nun gibt es Putenfleisch tagtäglich in kleinen Portionen zu kaufen, sehr teuer ist es auch nicht, im Verhältnis zu anderem Fleisch gleicher Qualität ist es sogar eher billig, aber irgendwie ist es unter denen, die sich für „Feinspitze" halten, nicht besonders begehrt. Es haftet ihm nämlich der Verdacht auf „Diät-Ware" an, es gilt als „Ersatz", und das gefällt großen Schlemmern wenig. Daß es dazu gekommen ist, liegt daran, daß sich niemand viel darüber den Kopf zerbrach, was man aus Putenfleisch optimal erzeugen könnte. Man sagte sich einfallslos: Dieses Fleisch ist fettarm, die Leute wollen jetzt alles „light" haben, also machen wir die Kalbspariser aus Pute, und Krakauer aus Pute, und dann noch Putenbratwürstl und Putenschinken! Nichts dagegen zu sagen, aber der echte Schlemmer schmeckt halt, daß die echte Krakauer „ganz was anderes" ist, und das Geschmacks-Defizit lastet er dem Truthahn ganz allgemein an.
Aber wir behandeln jetzt ein Stück vom Truthahn, alias Indian, alias Pute, so, wie es sich wirklich ziemt.

Putenbrust unter Kräuterkruste

Für vier Personen sind nötig:

1 dicker Bund frischer Oregano,
1 Bund frischer Majoran,
1 Bund frisches Bohnenkraut,
1 dicker Bund Petersilie,
1 Knoblauch-Zecherl,
2 Eßlöffel Öl,
1/8 l Weißwein,
Salz und Pfeffer,
60 dag Putenbrustfilet im Stück,
1/8 l Mayonnaise (selbstgerührt oder, wenn das zu mühsam ist, fertiggekaufte aus dem Glas),
15 dag fettes Joghurt und
ein Kunststoffbeutel, so groß, daß das Putenfilet drinnen Platz hat.

➡ ES GEHT TOTAL EINFACH:

Alle Kräuter von den Stielen zupfen und hacken.
Den Knoblauch schälen und pressen.
Die Hälfte der Kräuter mit dem Knoblauch, dem Öl, dem Wein und etwas Salz und Pfeffer verrühren.
Das Fleisch abwaschen, trockentupfen, in den Kunststoffbeutel legen, die zusammengerührte Marinade drübertun, den Beutel verschließen und das Fleisch zwei bis drei Stunden darin lassen.
Nachher das Fleisch aus dem Beutel holen, die Marinade aus dem Beutel durch ein Sieb gießen, was von den Kräutern noch an den

Beutelwänden pickt, auch rauskratzen.
Das Rausgekratzte und das, was im Sieb ist, fest auf das Fleisch drücken, als ob man „panieren" wollte.

Das Backrohr auf 225 Grad Ober- und Unterhitze vorheizen.
Dann das Fleisch mit drei Eßlöffel von der Marinade in eine feuerfeste Form tun und auf der zweiten Einschubleiste von unten in das heiße Backrohr schieben.
Zwanzig Minuten soll es bei 225 Grad drinnen bleiben, das reicht.
Dann den Backofen ausschalten, aber das Fleisch noch zehn Minuten im Rohr lassen.
Während es dort ruht, die restlichen Kräuter mit der Mayonnaise, dem Joghurt, etwas Salz und Pfeffer zu einer lieben Sauce rühren.
Nach den zehn Ruheminuten das Fleisch aus dem Ofen holen, in hübsche Scheiben schneiden, auf eine warme Platte legen und die Kräutersauce extra in einem Töpfchen dazu reichen.
Auch hier passen ein kleiner grüner Salat und ein Stück resches Weißbrot vortrefflich.

Der Rest wird zum Fest!

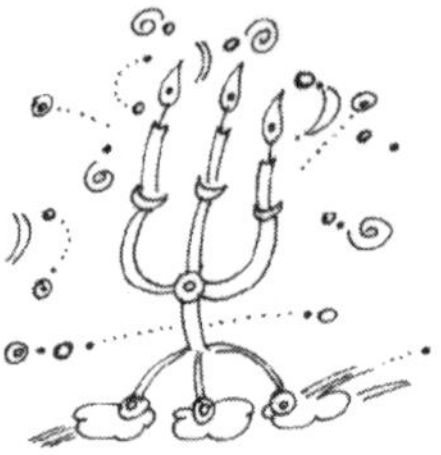

Kein Mensch kann voraussagen, wieviel seine Gäste oder auch seine nächsten Anverwandten essen werden. Einmal setzen sich alle mit Gierschlundaugen zum Tisch und sagen, daß sie Hunger wie die Wölfe haben, und einmal sitzen sie da und jammern, daß ihnen heute der Appetit leider fehle. Und wenn zufällig mehreren Leuten am Tische der Appetit fehlt, dann bleibt vom Fleisch ein ordentlicher Brocken übrig.

Schweinsbraten am nächsten Tag aufzuwärmen, ist grausam. Aufgewärmter Schweinsbraten schmeckt nicht gut. Wer anderes behauptet, hat degenerierte Geschmackspapillen! Aber kalt, mit Kren und Senf, schmeckt er köstlich.

Reste vom gebratenen Hendl lassen sich als Hendl-Salat am besten verwerten. Auch Kalbsbraten sollte nicht aufgewärmt, sondern entweder kalt aufgeschnitten oder „versalatet" werden. In guter Mayonnaise, die mit Joghurt verdünnt ist, macht sich Fleisch am besten. Dazu noch – ganz nach Laune – ein bißchen Gemüse, ein bißchen Obst.

Und das gekochte Rindfleisch? Na, da denkt der Normal-Restverwerter zuerst mal an „Tiroler G'röstl" und dann – wenn's gerade heiß ist – an Rindfleisch-Salat, wofür er Rindfleisch blättrig schneidet, Zwiebelringe drunter mischt und eine Marinade aus Öl, Essig, Salz und Pfeffer drüberschüttet.

Aber wenn es nicht heiß, sondern gerade saukalt ist, dann wäre es vielleicht besser, er würde daran denken, das gekochte restliche Rindfleisch zu einer warmen Festspeise wie der folgenden zu machen.

Käse-Spitz

Dazu brauchen Sie für vier Personen:

4 etwa 1 cm dicke Schnitten gekochter Tafelspitz,
1 Paket Mozzarella,
12 dag italienischer Gorgonzola,
etwa 4 dag geriebener Parmesan (Den Parmesan nie gerieben im Packerl kaufen, der ist grauslich! Immer selbst reiben!),
etwas Öl.

Das Festmahl ist hurtig bereitet:

Sie legen ein Stück Backpapier auf's Backblech und heizen das Rohr auf 210 Grad Ober- und Unterhitze vor.
Sie pinseln das Backpapier mit Öl ein und legen die Tafelspitzschnitten drauf.
Den Mozzarella und den Gorgonzola säbeln Sie auf Scheiben und legen diese Scheiben auf die Tafelspitzschnitten. Schindelförmig, und abwechselnd Mozzarella und Gorgonzola.
Dann streuen Sie den geriebenen Parmesan drüber und schieben das Backblech ins Rohr, so in die Mitte, und lassen es drinnen, bis der Käse schön geschmolzen und das Fleisch warm ist.
Wenn Sie dazu Bandnudeln kochen und einen Blattsalat mischen, wird sich keine Esser-Seele darüber beschweren, daß man ihr schon wieder mal „nur Restln" vorsetzt!

Die wundersame Ananas

So eine „echte Ananas" – dieses „echt" muß der gelernte Wiener stets dazusagen, weil er nämlich üblicherweise umgangssprachlich die Erdbeeren als „Ananas" zu bezeichnen beliebt – also, so eine „echte Ananas" ist ja allein schon ihres Aussehens wegen eine erstaunliche Sache. Aber noch weit Erstaunlicheres wird ihr in Bezug auf die schlanke Linie nachgesagt. Wahre Wunder soll sie da bewirken, angeblich reicht es schon, nach jeder Mahlzeit zwei Schnittchen dieser Frucht zu sich zu nehmen, und alle angefutterten Joule sind vernichtet! Selbst wenn man dies glauben sollte, gilt es freilich nur für die frische Ananas, nicht die aus der Dose, denn die ruhte ja in Zuckerlösung. Aber mit den frischen Ananas ist es problematisch, da gibt es hierzulande spottbillige und sündteure. Die spottbilligen kamen per Schiff, die sündteuren per Flieger. Erstere wurden sehr unreif geerntet und reifen auch nicht richtig nach; werden sie weich, werden sie faulig-braun; recht geschmacklos sind sie so und so. Die „Flug-Ware" kann köstlich sein, aber auch bereits inwendig verdorben, obwohl man es ihr von außen nur anmerkt, wenn man sie eingehend besichtigt und dazu nach weichen Stellen abtastet. Als Regel gilt: Reif ist sie, wenn man aus ihrem Schopf ganz leicht ein Blatt rauszupfen kann, und wenn sie duftet.

Haben Sie so ein perfektes Exemplar ergattert, preisen Sie sich glücklich! Und wenn Sie es nicht zur Gänze zum Kalorien-Killen nehmen wollen, machen Sie vielleicht ein erlesenes Fleischgericht wie folgendes mit ihm.

Kalbsmedaillon mit Ananas in Senfobers

Sie brauchen dazu für vier Portionen:

1 frische, reife Ananas, etwa 1 kg schwer,
4 Kalbsmedaillons, jedes so 15 dag schwer (aus dem Lungenbraten dick geschnitten und mit der flachen Hand breit gedrückt),
schwarzer Pfeffer, frisch gemahlen,
8 dag Butterschmalz (Haben Sie das nicht, „klären" Sie normale Butter. Das heißt, Sie machen die Butter heiß, lassen sie ein bisserl stehen und gießen dann das klare flüssige Fett ab. Nur das nehmen Sie. Den weißen Satz, der sich gebildet hat, tun sie weg.),
Salz,
2 Eßlöffel scharfer Senf,
1 Teelöffel brauner Zucker,
1 Teelöffel Chilipaste, wenn Sie die nicht haben, dann halt Tabasco-Sauce,
1/8 l Schlagobers.

DAS WERKEN GEHT NUN GANZ EINFACH:

Sie vierteln die Ananas vom Schopf zum Strunk hin, schälen sie dick ab und schneiden den harten Strunk raus. Achten Sie gefälligst drauf, daß alle braunen, harten Stellen rauskommen, sonst müssen die Gäste beim Essen spucken.

Den gelben, feinst gesäuberten Rest würfeln Sie grob.

Die breitgedrückten Medaillons pfeffern Sie ein bißchen und braten sie in 5 dag Butterschmalz auf jeder Seite so an die sechs Minuten. Und zwar bei milder Hitze, zartes Kalbfleisch will das so. Dann nehmen Sie die Fleischstücke aus der Pfanne, salzen sie noch ein bißchen und stellen sie warm.

Nun tun Sie das restliche Butterschmalz in die Pfanne und lassen es sehr heiß werden, dann legen Sie die Ananaswürfel ins heiße Fett und lassen sie „scharf" anbraten, wobei Sie heftig umrühren, was ungefähr fünf Minuten dauern sollte.

Sind diese fünf Minuten um, geben Sie den Senf, den Zucker und die Chilipaste dazu und „löschen" mit dem Obers ab. Das heißt, Sie schütten das Obers einfach über die gewürzten Ananas und rühren hurtig weiter, wobei alles „einkocht", also weniger, dafür aber dicker wird.

Haben Sie das ein, zwei Minuten getan, reicht es. Sie legen die Kalbsmedaillons auf vorgewärmte Teller und arrangieren das scharfe Ananas-Gemüse schön drumherum.

Reis paßt dazu vorzüglich.

Und ein schöner grüner Salat sowieso.

Das 'Exotische' im Pfandl!

Des Menschen Gaumen ist entweder „sehr eng" oder „sehr neugierig". Die Menschen mit den neugierigen Gaumen haben es gut, denn sie kommen in den Genuß vieler fremdländischer Köstlichkeiten.

Es gibt aber wahrscheinlich weit mehr Leute, die ein Lebtag lang bei den Speisen verharren, welche sie bereits aus ihren Kindertagen kennen. Daß diese Eßneigung eine gar weit verbreitete ist, merkt man ja in den beliebten Touristenorten, wo die Restaurants guten Geschäftsgang haben, die dem Urlauber vorsetzen, was er von daheim gewohnt ist. Und damit das gleich auf den ersten Blick erkannt wird, prunkt dann auch in Mallorca über dem Lokal „Bayrisches Eck" und in Teneriffa „Strammer Max" und in Lanzarote „Wiener Heuriger".

Und wenn nun der männliche Kreativ-Koch einen sehr neugierigen Gaumen hat, aber die Leute, für die er kocht, einen sehr engen, dann könnte er oft schier verzweifeln! Da bringt er aus dem fernen Ausland wunderschöne Rezepte mit, haargenau hat er sich vom Wirt alles erklären lassen und aufnotiert, und dann will er, heimgekehrt, die werten Gäste damit beglücken, aber die sind gaumenmäßig nicht für „Multi-Kulti", und schwärmt er ihnen vor, was er ihnen vorsetzen will, kriegen sie lange Gesichter. Allerdings kann man die engsten Gaumen etwas verbreitern. Aber nur Bissen um Bissen und in vorsichtigen Dosen!

So eine leicht verdaubare Dosis wäre etwa der Schritt vom gewohnten „Paprikahendl" zum unbekannten „Chicken-Chili".

Chicken-Chili für Anfänger

FÜR 4 ANFÄNGER BRAUCHEN SIE:

8 dag Pinienkerne
3 rote, scharfe Chilischoten
1 Bund Frühlingszwiebel
2 Knoblauchzehen
1/2 kg Hühnerbrustfilets
4 Eßlöffel Paradeismark
1/4 l Kalbssuppe
(geht auch Kalbsfond aus dem Glas)
2 Eßlöffel Erdnußcreme, ungesüßt mit Stücken (kann man auch im Glas kaufen ...)

So werken Sie:

In einer Pfanne rösten Sie ohne Fett die Pinienkerne goldgelb. Dabei rühren Sie um, damit alle Kerne gleichmäßig goldgelb werden.

Die Chilischoten schlitzen Sie der Länge nach auf, kratzen die Kerne raus und schneiden die geputzten Schoten in dünne Streifen. Nachher waschen Sie sich ordentlich die Hände, denn Chili-Schärfe klebt hartnäckig an den Fingern.

Den Zwieberln schneiden Sie den Bart und das Dunkelgrüne weg, den weißen und hellgrünen Teil schnipseln Sie in 1 cm breite Scheiberln.

Die Knoblauchzehen schälen Sie.

Die Hühnerbrustfilets schneiden Sie in 2 cm breite Streifen. Eh klar, daß Sie vorher allfällig vorhandene Sehnen oder Fettflankerln weggeschnitten haben!

Nun erhitzen Sie 4 Eßlöffel Öl in einer Pfanne, geben die Zwiebelscheiberln rein, pressen den Knoblauch drüber und rühren ein bisserl durch. Dann tun Sie die Hühnerfleischstreifen dazu und die Chilischoten und braten – unter Wenden und Rühren – alles zusammen vier bis fünf Minuten an.

Hierauf verquirlen Sie das Paradeismark und die Erdnußcreme im Kalbsfond bzw. der Kalbssuppe. Die Mischung gießen Sie auf das Hühnerfleisch, lassen alles aufkochen, schalten die Hitze auf „klitzeklein", eben gerade so heiß, daß es in der Pfanne sanft weiterköchelt. Hat es zwei Minuten geköchelt, tun Sie die gerösteten Pinienkerne in die Pfanne rein, kosten und schmecken das Chicken-Chili mit Salz ab. Dazu passen Reis oder Nudeln, knuspriges Brot reicht aber auch.

Alte Weisheit hat manchmal Bestand

Was an „uralten Kochweisheiten" so von Generation zu Generation überliefert wird, muß man nicht immer akzeptieren. Aber eine uralte böhmische Köchinnenweisheit sollte man auch beim kreativen Kochen, wo man üblicherweise selbst der Kochregelverfasser ist, doch immer im Kopfe haben und beherzigen:

„Aus dem Topfe kommt nichts raus, was nicht in den Topf reingekommen ist!"

Heißt: Ohne die rechten, richtigen Zutaten wird es nichts!

Aber die „rechten" Zutaten, müssen wahrlich nicht immer die „teuren" sein.

Bloß läßt sich halt aus einem Stück Suppenfleisch selbst mit der allergrößten Kochkunst kein Filetsteak zaubern, sondern nur ein perfekter Suppentopf, und aus getrockneten Erbsen kein Frühlings-Risi-Bisi, sondern nur ein gutes Erbsenpüree.

Auch wenn der Koch „multikulturell" verköstigen will, aber keinen Laden in Reichweite hat, der unbedingt dafür nötige Gewürze oder andere Zutaten für fremdländische Gerichte auf Lager hat, sollte er lieber die Finger davon lassen.

Die Methode: „Kreuzkümmel gibt's nicht, nehme ich hiesigen Kümmel, Koriandergrün gibt's auch nicht, nehm' ich Korianderkörner, und statt Sojasauce nehm' ich Maggi-flüssig", bringt Merkwürdigkeiten zuwege, die niemandem schmecken werden.

Apropos: Es kommt nix aus dem Topf raus, was nicht in den Topf reinkommt! Stimmt, aber kann sein, daß aus dem Topf was rauskommt, was kaum wer vermutet hätte. Etwa ein selbstgeräuchertes Stück Lamm.

Geräuchertes Lammrückenfilet auf Salat

Für acht bis zehn kleine Portionen brauchen Sie:
2 Rückenfilets vom Lamm (65 dag zusammen),
1/2 kg kleine Erdäpfel,
1/2 kg zarte Fisolen,
1/4 kg Paradeiser,
2 Zecherln Knoblauch,
1 Bund Frühlingszwieberln,
4 Eßlöffel Olivenöl,
8 Eßlöffel Öl,
2 Eßlöffel Weinessig,
4 Eßlöffel Balsamico-Essig,
schwarzer Pfeffer,
2 Eßlöffel Kapern,
1 Handvoll schwarze Oliven,
8 Eßlöffel Provence-Kräuter und Salz.

So geht das erstaunliche Werk:

Die Filets werden gehäutet (falls sie es nicht schon sind), rundherum mit Salz bestreut, in Frischhaltefolie gewickelt und für mindestens eine Stunde in den Kühlschrank gelegt.
Die Erdäpfel werden in der Schale gekocht und dann geschält.
Die zarten Fisolen werden geputzt, es werden ihnen also die Enderln abgezwackt.
Fäden, den Rücken entlang, sollten zarte Fisolen eigentlich nicht haben.
Falls die Ihren trotzdem welche haben, müssen Sie die auch wegziehen.
Dann werden die geputzten Fisolen in kochendes Salzwasser gelegt, acht bis zehn Minuten sollen sie darin köcheln, dann kommen sie in ein Sieb zum Abtropfen und werden dann einmal pro Stück quer durchgeschnitten.
Die Paradeiser werden geviertelt, entkernt und in schmale Streifen geschnitten.
Die Knoblauchzehen werden geschält und ebenfalls auf ganz dünne Blättchen geschnitten.
Die beiden Ölsorten und die beiden Essigsorten werden mit Salz, Pfeffer und vier Eßlöffel Wasser verrührt, die Zwiebelscheiben und die Knoblauchblättchen kommen dazu.
Die Erdäpfel werden in Scheiben geschnitten, leicht gesalzen und dem Essig-Öl-Zwiebel-Knoblauch-Gemisch vorsichtig untergemengt.
Und jetzt geht es ans Räuchern!
Dazu brauchen Sie einen großen Topf mit dickem Boden und passendem Deckel.
Und einen Siebeinsatz, der in den Topf reinpaßt.
Haben Sie einen ovalen Fischtopf mit Siebeinsatz, wäre das ideal,

dann können Sie die Filets nämlich ganz lassen.
Haben Sie aber nur einen großen runden Topf, dann müssen Sie die Lamm-Filets halbieren, damit sie nebeneinander im Siebeinsatz Platz haben.
Zuerst einmal streuen Sie die acht Eßlöffel provencalische Kräuter gleichmäßig verteilt auf den Topfboden, dann stellen Sie den Siebeinsatz in den Topf.
Die Filets wickeln Sie aus der Folie, lassen sie – je nach Topf – ganz oder halbieren sie und legen Ihre zwei bzw. vier Fleischstücke auf den Siebeinsatz.
Die müssen wirklich bequem nebeneinander liegen können! Würden sie sich im Siebeinsatz drängeln, wäre das Räucherergebnis wenig perfekt.
Dann legen Sie den gut passenden Deckel auf den Topf und stellen den auf eine Herdplatte.
Die Herdplatte schalten Sie auf mittlere Hitze, und dann lassen Sie die Lammfilets 15 Minuten im Topf vor sich hin räuchern und dabei gar werden. Nur keine Panik wenn's raucht, schließlich räuchern Sie.
Nach den 15 Minuten hat das Fleisch auf der Oberseite den typischen gelbbräunlichen „Räucherton" angenommen.
Sie ziehen nun den Topf vom Herd und lassen das Fleisch unter dem Deckel noch drei, vier Minuten „durchziehen". Angst, daß es nicht „gar" ist, müssen Sie nicht haben, denn das Ergebnis, ob es nun mehr oder weniger „medium" ausgefallen ist, können Sie ja stets als „exakt so gewollt" ausgeben. Da gibt es keine Vorschrift, an die man sich halten müßte.
Nun holen Sie noch die Erdäpfel mit einem Lochschöpfer aus der Marinade, wobei Sie jeden vollen Schöpfer ein bißchen über der Schüssel abtropfen lassen.
Die abgetropften Erdäpfel kommen auf eine große Platte. In der restlichen Marinade wenden Sie die Paradeiser und die Fisolen und

legen sie dann, um die Erdäpfel herum, auf die Platte. Oder Sie mischen sie locker unter die Erdäpfel.
Dann holen Sie das geräucherte Fleisch aus dem Topf, schneiden es in dicke Scheiben und legen die Scheiben auf den Salat.
Und abschließend garnieren Sie die Platte mit den Kapern und den Oliven und mahlen noch ein bißchen schwarzen Pfeffer drüber.
Und fertig ist das erstaunliche Räucher-Werk!

Nur net hudeln!

Wer in der Küche kein perfekter „Routinier" ist, sollte sich auch nicht allzuviel auf einmal zumuten. Sonst kommt er nämlich – wie man so sagt – gewaltig ins Schleudern!
Und selbst der Geübte sollte sich in Zeitnot nicht überschätzen. Hat man nur eine halbe Stunde Zeit zum Kochen, dann macht man eben „etwas Schnelles", und das muß ja beileibe um nichts weniger köstlich sein, als das langsam und mühevoll zubereitete Mahl. Meistens kommt es allerdings – vor allem, wenn es um eine Fleischspeise geht – wesentlich teurer, was die Zutaten angeht.
Die zarten Fleischstücke, die in Minutenschnelle „deppensicher" gar werden, sind eben auch die allerteuersten. Aber wer wenig Zeit zum Kochen hat, der bringt ja meistens umso mehr Zeit bei entlohnter Arbeit zu. Und wozu, bitteschön, rackert sich denn der arme, gestreßte Mensch beruflich ab, wenn er nicht hinterher wenigstens beim Fleischhauer fürs „schnelle Essen" ein Stückerl Lungenbraten oder Rückenfilet ohne Schuldbewußtsein erwerben kann? Na eben!
Wenn Sie sich einmal – wie es mein liebes Großmutterl auszudrücken pflegte – „dann die Erdäpfel von unten anschauen werden", haben Sie gar nichts mehr davon, daß Sie zu Lebzeiten ausschließlich von ihnen gelebt, und, sparsam wie Sie waren, selbige nicht bloß zur Beilage verwendet haben.
In diesem Sinne folgen nun zwei „schnelle, so gar nicht preiswerte" Fleischrezepte.
Für keines brauchen Sie länger als eine halbe Stunde.

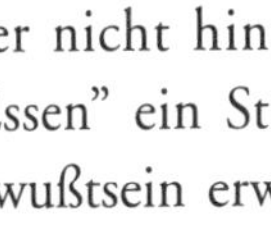

Rindsgeschnetzeltes in Pfeffersauce

Sie brauchen für vier Esser:

3/4 kg Rindslungenbraten,
1 große Zwiebel,
3 Eßlöffel grüner, eingelegter Pfeffer,
1/16 l Cognac und 1/8 l Weißwein,
1/8 l Obers, 2 Eßlöffel Öl, 1 Eßlöffel Butter.

➡ SO HASTEN SIE DRAUF LOS:

Zwiebel schälen, fein hacken.
Fleisch auf dünne Scheiben schneiden, etwa 5 mm; Scheiben auf Streifen schneiden, salzen, pfeffern.
Öl erhitzen, Fleisch rein, rasch, unter Wenden anbraten.
Fleisch aus der Pfanne nehmen, warmstellen.
Im Bratensatz die Butter schmelzen, Zwiebelwürfel darin unter Rühren anbraten, mit Cognac ablöschen, ihn also draufschütten.
Aufkochen lassen, Obers und Weißwein zugießen, cremig einkochen, also das Volumen auf „dicklich" reduzieren.
Das Fleisch samt dem Saft, der garantiert noch aus ihm ausgetreten ist, behutsam unter die Sauce mischen.
Die grünen Pfefferkörner dazutun.
Kosten, ob auch ausreichend gesalzen ist. Ist es das nicht, noch ein Häuchlein Salz dran, vielleicht noch eine Prise Majoran.
Fertig!
Als Beilage empfiehlt sich frisches Weißbrot.

Kalbsfilet auf Spargel

SIE BRAUCHEN FÜR 4 ESSER:

½ kg grünen Spargel
SALZ
3 Eßlöffel Weinessig, ZUCKER, weißen Pfeffer
2 Brieferln Safranpulver
5 Eßlöffel Olivenöl
3 dag Kapern
8 dünne Kalbsmedaillons (ca. à 5 dag)
4 Eßlöffel Öl
2 Zweigerln Basilikum

Spargel im unteren Drittel dünn schälen, die holzigen Enden wegschneiden, die Stangen der Länge nach halbieren, in 4 cm lange Stücke schneiden.

➡ SO GEHT'S:

Die Stücke in kochendem Salzwasser drei Minuten garen, abschrecken, abtropfen lassen.

Essig, eine Prise Zucker, Salz, Pfeffer, Safran und Olivenöl verrühren.
Die abgetropften Spargelstücke dazutun, die Kapern druntermischen.
Die Filetscheiben salzen und pfeffern. Im heißen Öl bei mittlerer Hitze auf jeder Seite ungefähr drei Minuten braten.
Während das Fleisch brät, den Spargelsalat auf vier Teller verteilen.
Die fertig gebratenen Filetscheiben auf die Salathäuferln legen.
Die abgezupften Basilikumblatterln mit den Fingern klitzeklein zupfen und über die Fleischscheiben streuen.
Weißbrot dazu und fertig!

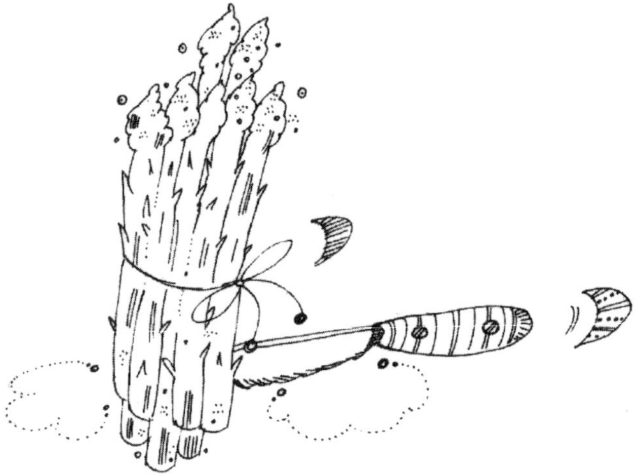

Brot, der Urstoff mit Mythos

In der Not gehen alle Freunde auf ein Brot

Glücklich der Mann, der gute Freunde hat! Allerdings neigen die besten der guten Freunde dazu, gern unangemeldet ins Haus rein zu schneien, denn „Umstände", sagen sie, braucht man sich wegen ihnen ja ohnehin nicht zu machen. Ein Glaserl Wein oder Bier – oder Wasser – reicht ihnen doch, bescheiden wie sie sind!

Nein, nein, Hunger haben sie überhaupt keinen, und sie bleiben sowieso nur ein kurzes Stunderl.

Aber dann werden halt aus dem kurzen Stunderl zwei – und drei – und das merkwürdige Geräusch, welches da in kurzen Abständen zu hören ist, kommt eindeutig aus Freund Adalberts Magen. Der knurrt wie wild!

Nun, da muß sich der autonome Hausherr einfach erheben und verkünden: „So, jetzt mache ich uns schnell eine Kleinigkeit zu essen!"

Die Hausfrau blickt entsetzt, wuselt hinter dem Hausherrn her in die Küche und zischelt ihm zu: „Was willst du denn machen? Wir haben doch heute überhaupt nix daheim! Nicht einmal genug Brot, und keine Wurst und keine Butter, gar nix haben wir. Wir wären doch zum Wirten essen gegangen, wenn die Bagage nicht gekommen wär!"

Aber der Hausherr blickt sich in der Küche scharf um und ent-

deckt auch allerlei, denn in heutigen Wohlstandsküchen ist immer etwas zu finden!
Unser Hausherr entdeckt ein etwas zähes, weil gestriges, türkisches Fladenbrot, ein paar Paradeiser und zwei Pfefferoni, zudem auf dem Fensterbrett ein Basilikumstöckerl, einen Rest schwarzer Oliven in einem Glas, und ein reichlich eingetrocknetes Stück Käse im Kühlschrank.
Und daß Öl und Knoblauch im Hause sind, versteht sich ja von selbst.
So scheucht er seine Frau Gemahlin zu den lieben Freunden ins Wohnzimmer zurück und macht sich ans Werk. Und eine halbe Stunde später trägt er eine duftende Köstlichkeit auf, welche er „Türken-Pizza" getauft hat! Möglicherweise auch „Ottos Notlösung", falls er Otto heißen sollte. Und die Hausfrau muß sich eingestehen, daß sie seinerzeit bei der Partner-Auswahl wahrlich einen guten Griff getan hat.

Türkenpizza (oder Ottos Notlösung)

Sie brauchen:
1 rundes türkisches Fladenbrot,
1/4 kg Paradeiser,
2 Pfefferoni,
allerhand Basilikum,
ein, zwei Handerln voll schwarze Oliven,
5 dag Parmesan oder Pecorino,
2 Zecherl Knoblauch,
10 Eßlöffel Olivenöl und Salz.
(Andere Resterln, die Ihnen geschmacklich passend vorkommen, können Sie zuzüglich verwenden.)

Und so notlösen Sie:

Zuerst einmal schalten Sie das Backrohr ein und stellen es auf 200 Grad Ober- und Unterhitze, bei Gas wäre das Stufe 3, bei Umluft reichen 180 Grad.

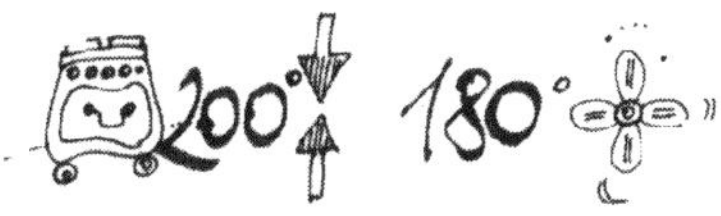

Jetzt halbieren Sie das Fladenbrot waagrecht, als wäre es eine Semmel.

Die Hälfte des Deckels (bei der Semmel im Urwienerischen die „Semmelmutter" genannt) zerzupfen Sie auf kleine Stücke, etwa von der Größe, als wollten Sie damit Enten im Teich füttern. Die andere Mutter-Hälfte können Sie, falls Ihr Magen auch schon knurrt, aufessen, die brauchen wir nicht.

Die Paradeiser vierteln Sie und quetschen den Saft samt den Kernen auf die Fladenbröckerln, und dann zerleinern Sie den feuchten Gatsch grob im Mixer. Haben Sie bloß einen Blitzhacker, machen Sie das in diesem, aber in zwei Arbeitsgängen, denn soviel geht da auf einmal nicht rein.

Das Fruchtfleisch der Paradeiser würfeln Sie, die Pfefferoni schneiden Sie auch und tun unter fließendem Wasser die Kerne rausschwemmen. Die Schotenhälften säbeln Sie auch auf kleine Stücke.

Nun zupfen Sie die Basilikumblätter ein bisserl klein, schneiden das Fleisch von den Olivenkernen, falls ihre Oliven noch Kerne drin haben, den Knoblauch schälen Sie und pressen ihn durch die Knoblauchpresse, oder Sie „pecken" ihn per Hand. Das heißt: Sie drücken mit der Breitseite der Klinge eines schweren Messers auf dem Knoblauchzecherl herum, bis es zerquetscht ist.

Hierauf reiben Sie den Käse, ebenfalls grob.

Und jetzt vermischen Sie alles, was Sie gequetscht, geschnitten und

gemixt haben mit sieben bis acht Eßlöffel Olivenöl, und schmecken das Vermischte mit Salz ab.
Den Boden vom Türkenbrot (bei der Semmel im Urwienerischen übrigens „Semmelvater" genannt) legen Sie auf ein Backblech und tropfen – gerecht verteilt – das restliche Öl drauf, dann verteilen Sie Ihr Vermischtes auf dem Boden und schieben das Backblech ins heiße Backrohr, auf der zweiten Schiene von unten. Nach etwa 20 Minuten ist die Sache fertig und kann der fassungslosen Hausfrau und den lieben Freunden serviert werden.

Es spricht natürlich nichts dagegen, wie schon bei den Zutaten erwähnt, ein paar Radl Salami oder ein Blattl Schinken ins Vermischte zu tun.
Vom Käse kann es auch etwas mehr oder weniger sein; alles nach Laune und Vorhandenem!

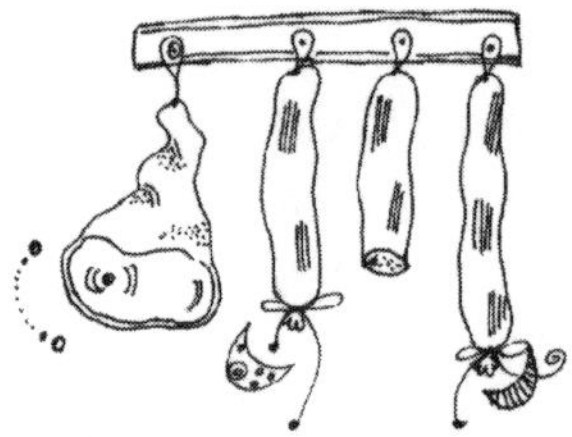

Vom falschen Respekt

Wer vom Kochen nicht viel versteht, der macht sich oft grundfalsche Vorstellungen davon, welche Gerichte „leicht" und welche „schwierig" herzustellen seien.

Größter diesbezüglicher Irrtum ist der Germteig. Da hört man oft, selbst von den täglich kochenden Damen: „Über den trau' ich mich nicht drüber, der ist mir zu heikel!"

Dieser falsche Respekt hat eine lange Tradition! Mir etwa brachte ihn meine liebe Frau Großmutter bei. Die hantierte immer geheimnisvoll mit ihrem Dampfl im Häferl herum, und sie bekam jedesmal einen Anfall, wenn wer wagte, die Küchentür bloß einen Spalt zu öffnen, während ihr Germteig unter einem karierten Hangerl zum ersten oder zum zweiten Mal „ging".

Und tat er das nicht ausreichend, sondern „blieb sitzen", war sie einen Tag nicht anzureden.

Zudem demonstrierte mir die Frau mit allerhand Mimen-Talent, welch schweißtreibende Schwerarbeit es sei, einen Germteig mit einem großen Kochlöffel solange abzuschlagen, bis er sich endlich vom Weitling und vom Kochlöffel zu lösen bequemte. Während sie schnaufend auf den Teig einschlug, und bei jedem Kochlöffelschlag eine Art „Popofalte" durch ihn zog, zählte sie. Für jedes ihrer Germteigrezepte war eine andere Anzahl von Schlägen vorgesehen. Wenn ich mich recht erinnere, waren es bei den Buchteln tausendfünfhundert!

Aber erstens ist heutzutage die Germ, weil sie aus dem Kühlregal kommt, von so guter Qualität und Frische, daß man das Dampfl, das ja nur eine „Geh-Probe" der Germ ist, absolut entfallen lassen kann, zweitens braucht man überhaupt keinen Kochlöffel mehr, weil man einen Handmixer mit Knethaken oder eine Küchenmaschine hat, drittens war bei mir noch nie ein Germteig durch einen kleinen Luftzug so verschreckt, daß er „zusammengefallen" wäre, und viertens neigten unsere lieben Großmütter überhaupt dazu, aus ihren diversen Verköstigungs-Bemühungen schwierige Schwerarbeit zu machen. Wohl um augenfällig darauf hinzuweisen, daß ihre Hausfrauen-Arbeit nicht minder anspruchsvoll und mühselig sei, wie die Berufsarbeit ihrer Ehemänner. Erfolgserlebnisse braucht eben jeder Mensch!

In Wirklichkeit ist der Germteig der einfachste Teig von allen. Simpel, problemlos und billig dazu. Und unter den Germteigen wiederum ist der simpelste, problemloseste und billigste der ohne Eier, ohne Milch und ohne Butter, der schlichte, weiße Brotteig also.

Schönes, flaumiges, weißes Brot selbst zu backen, ist überhaupt keine Hexerei. Und das machen ja auch schon viele Hobby-Köche. Meistens erzeugen sie dann ein Backblech voll italienischem Fladenbrot, artig mit grobem Meersalz bestreut, eventuell noch mit Rosmarinnadeln oder Salbeiblättern belegt, oft auch mit Schinken- oder Speckwürferln in den Teig eingearbeitet, jedenfalls zum Schluß mit Olivenöl üppig beträufelt.

Nichts dagegen einzuwenden! Lauwarm serviert ist das eine Köstlichkeit, die allerhand „hermacht". Aber noch mehr „her" macht das „toskanische, gebratene Brot", und das erzeugt kaum jemand, obwohl es das köstlichste aller köstlichen Brote ist.

Und darum machen wir das jetzt!

Der Erfolg, den jeder Koch mit diesem gebratenen Brot hat, ist üblicherweise so gewaltig, daß er zu diesem Essen auf weitere Talentproben seiner Kochkunst verzichten kann. Da reicht es, etwas Wurst, Schinken und Käse auf den Tisch zu bringen, vielleicht auch noch ein paar Oliven, Gurkerln und kleine Maiskolben. Und reichlich Papierservietten, zum Abwischen der Gästefinger und der Gästemünder, die nach Beendigung des Mahls etwas fettig sein werden, sind ebenfalls zu empfehlen.

P.S.: Nehmen Sie bitte frische Germ! Trockenhefe ist zwar angeblich der frischen Germ ebenbürtig, aber meiner Erfahrung nach ist sie es eben doch nicht: Wobei es sich freilich um eines meiner vielen Vorurteile handeln könnte, die ich mir gern in der Praxis bestätige.

Toskanisches, gebratenes Brot

Dafür brauchen Sie:

1/2 Kilo weißes Mehl (mir ist glattes lieber, „universal" oder griffig geht aber auch),
etwas mehr als die Hälfte von einem Würfel Germ,
2 Teelöffel Staubzucker,
Salz,
2 Eßlöffel Olivenöl,
1/4 l lauwarmes Wasser,
Pflanzenöl zum Ausbacken
- wieviel, hängt vom Durchmesser der Pfanne ab, die Sie dazu nehmen. Etwa daumenhoch sollte das Öl in dieser stehen. Mehr schadet nicht, aber Öl soll man nicht zweimal erhitzen, und es muß extra „entsorgt" werden, daher ist Sparsamkeit bei der Verwendung sehr umweltfreundlich.

Nun die Produktion:

Sie schütten das Mehl in eine Rührschüssel aus Plastik. Ein metallener Weitling ist nicht zu empfehlen, da würden später die Knethaken vom Handmixer ein gar grausiges Geräusch erzeugen, wenn sie mit ihm in Berührung kommen.
Sie rütteln die Schüssel sanft, damit das Mehl eine ebene Oberfläche kriegt.
In diese drücken Sie – und zwar in der Mitte – mit einem Schöpflöffel eine halbkugelförmige Vertiefung. In die Vertiefung bröckeln Sie die Germ und streuen den Staubzucker auf die Germ.
Dann tun Sie vom lauwarmen Wasser ein paar Eßlöffel auf die gezuckerte Germ. Ob vier oder fünf, ist wurscht!
Nun rühren Sie zärtlich, etwa mit einer kleinen Gabel, im Germ-

gatsch rum und lösen die Germ (der Zucker hilft dabei) im Wasser auf. Natürlich rühren Sie dabei vom Mehl zwangsläufig etwas mit ein. Das soll auch so sein!

Jetzt haben Sie in der Schüsselmitte, umgeben von Mehl, einen etwas unansehnlichen, nicht sehr homogenen Klumpen. Sie ziehen Ihr Gaberl raus, decken ein Tuch über die Schüssel und lassen die Sache 10-15 Minuten ruhen.

Sind die 10-15 Minuten um, tun Sie die Knethaken in den Handmixer, schütten das restliche Wasser ins Mehl, das Olivenöl und einen Teelöffel Salz.

Dann versenken Sie die Knethaken in den Gatsch, stellen den Handmixer auf höchste Stufe und rühren durch. Solange, bis sich der Teig vom Schüsselrand löst und seidig glänzt.

Sie können das natürlich auch in der Küchenmaschine machen, und ob 1/4 l Wasser exakt die richtige Menge ist, läßt sich nicht sagen. Mehl nimmt nicht stets gleich viel Wasser auf. Grob gesagt: Klammert sich der Teig an den Knethaken regelrecht fest, gehört noch etwas Wasser rein. Läßt er sich an den Knethaken kaugummiartig hochziehen, gehört noch etwas Mehl rein.

Diese Wasser- bzw. Mehlzugabe machen Sie, falls nötig, bitte löffelweise. Sonst könnte es sich ergeben, daß Sie abwechselnd zuviel Wasser und zuviel Mehl zufügen, und letztlich Brotteig für ein ganzes Regiment haben, dem Sie dann allerdings noch Germ zusetzen müßten.

Sind Sie mit dem Teig zufrieden, decken Sie ihn wieder zu und lassen ihn gehen. Mindestens eine halbe Stunde, wenn eine ganze daraus wird, macht es auch nichts. Nimmt der Teig halt mehr an Volumen zu. Aber das ist bloß Luft, und die treiben Sie ihm wieder aus, wenn Sie ihn nach der halben oder der ganzen Stunde durchkneten.

Wie man knetet? Sie bestäuben die Arbeitsfläche mit Mehl und kratzen den Teig aus der Schüssel aufs Bemehlte.

Da liegt nun ein Teiglaberl vor Ihnen. Sie drücken mit beiden Handballen auf das Drittel des Laberls, das Ihnen am nächsten ist. Zuerst drücken Sie runter, dann von Ihrem Leibe weg. Dann wenden Sie das Teiglaberl, und zwar so, daß die Seite, die auf der Arbeitsfläche lag, nach oben kommt, und dann drücken Sie wieder, zuerst runter, dann von sich weg, und dann wenden. Und wenn Sie das etwa ein dutzendmal taten, wird sich das Teiglaberl verbreitert haben, also schlagen Sie es auf halbe Größe zusammen und wiederholen Ihr Handballen-runter-Handballen-vor-Spielchen. Und dann schlagen Sie den Teig wieder zusammen, und so fort, etwa fünf Minuten lang. Das klingt bloß sehr kompliziert, ist aber genauso leicht, wie seinerzeit das Plastilin-Kneten im Kindergarten. Doch beim Kneten ein bißl schnaufen, falls Sie Zuhörer haben, macht sich trotzdem ganz gut. Da denkt man, daß Sie im Dienste an Mitmenschen schwere Arbeit tun.

Haben Sie das Kneten hinter sich, teilen Sie den Teig in vier Stücke, wuzeln jedes Stück zu einer langen, fingerdicken Wurst (geht fast wie beim Plastilin, bloß ist Plastilin weniger elastisch) und schneiden die Würste in fingerlange Teile.

Dann erhitzen Sie das Pflanzenöl in einer Pfanne. Richtig heiß ist es, wenn Sie eine Handfläche etwa 5 cm über den Ölspiegel halten und es sehr warm auf der Haut spüren.

Sind Sie allerdings ein „Hand-Schwerarbeiter", durch dessen Arbeitsschwielen so leicht keine Hitze dringt, machen Sie die Wassertropfen-Probe. Wenn Sie einen Wassertropfen ins Öl spritzen und er verdampft zischend, ist das Fett heiß genug. Kugelt er bloß irritiert auf dem Pfannenboden herum, ist das Fett zu lau.

Und nun braten Sie wacker drauflos. Teig-Finger rein in die Pfanne, wenn die Unterseiten hellbraun sind, werden die „Finger" gewendet, wenn auch die neuen Unterseiten hellbraun sind, raus mit den Dingern und auf ein Stück Küchenpapier mit ihnen, damit dieses überschüssiges Öl aufsaugt. Mit zwei Gabeln geht das

am leichtesten. Und tun Sie nicht zuviele Teig-Finger auf einmal ins Fett. Die „Finger" werden nämlich größer beim Braten, und Drängelei in der Pfanne ist nicht optimal.
Und von der ersten Partie reißen Sie einen Probe-Finger auf und schauen nach, ob er „durch" ist. Ist er es nicht, müssen Sie die Hitze runterschalten, damit das Braunwerden etwas länger dauert.
Womit das Kunststück, das wahrlich keines ist, auch schon fertig wär! – Sofort servieren!
Aber in Fortsetzung der Tradition Ihrer lieben Frau Großmutter, brauchen Sie ihren Gästen wirklich nicht zu sagen, daß es gar kein großes Kunststück, sondern eher ein Kinderspiel gewesen ist.

Wenn der Vater mit dem Sohn...

Hätte Ihr Vater mit Ihnen seinerzeit, statt Ihnen das Nägeleinschlagen und das Putzen von Fahrradketten beizubringen, in der Küche trainiert, müßten Sie heute nicht mühselig „nachlernen".
Daher: Schulen Sie Ihren männlichen Nachwuchs so früh wie möglich küchenmäßig ein!
Zugegeben, ein männliches Kind fürs Kochen zu interessieren, ist nicht immer einfach. Am ehesten neigen die besonders freudigen Fresser dazu, sich der Nahrungserzeugung zu widmen.
Aber viele Knaben lehnen die Küche strikt ab. Sie sind eben gerade dabei, ihre „männliche Rolle" einzuüben, wissen aber überhaupt nicht, welchen „Text" die eigentlich hat. Und so lehnen sie vorsichtshalber einfach alles ab, was nach „weiblicher Rolle" aussehen könnte. Und ihre kindlich-männliche Ungebung bestätigt sie ja meistens darin. Erzählt etwa der naive Knabe in Knabenrunde, er habe den Sonntag damit zugebracht, mit seiner Mami Kekserl zu backen, ist üblicherweise das Echo weniger bewundernd, als hätte er berichtet, er habe mit seinem Papi das Motorrad repariert.
Zum Kekserlbacken sollte der Papa den Sohn also nicht locken. Urspannend und urwüchsig erdverbunden hat die erste Küchenarbeit des männlichen Kindes zu sein! Und da bietet sich

selbstgebackenes Roggenbrot

vortrefflich an. Vor allem, wenn der Sohn den dafür nötigen Sauerteig selbst erzeugt und sein Werden tagelang beobachten kann. Damit wird das Kochen zum „chemischen Experiment" und trägt sogar von der Knabenrunde Bewunderung ein.

GEHEN WIR ALSO SCHRITT FÜR SCHRITT VOR:

Am ersten Tag gehen Papa & Sohn in den Bio-Laden und kaufen 30 dag Roggen und lassen den gleich im Laden mahlen. So fein, wie es die kleine Getreidemühle dort schafft, und das ergibt „Roggenschrot".
Dann kehren Papa & Sohn heim und verrühren etwa ein Drittel dieses Roggenschrots mit einem Teelöffel gemahlenem Kümmel und 1/5 l lauwarmem Wasser, decken das Breichen zu und stellen es an einen warmen Ort; am besten entwickeln sich die Bakterien bei 20-25 Grad.

Nun wird zwei bis drei Tage lang zugewartet, hin und wieder nachschauen, wie locker und bläschenreich das Breichen schon ist, schadet nicht. Nach zwei, drei Tagen sollte das Breichen sehr locker und voll Bläschen sein, dann rührt der Sohn die Hälfte vom verbliebenen Roggenschrot dazu und ein Achterl lauwarmes Wasser. Zugedeckt steht das Breichen nun wieder einen Tag lang im Warmen.

Am Tag darauf kommt der restliche Roggenschrot rein und wieder ein Achterl lauwarmes Wasser.

Und wieder am Tag darauf ist Ihr selbstgemachter „Sauerteig" fertig!

Nun eilen Sie mit dem Sohn wieder in den Bio-Laden und lassen sich 70 dag Roggen so fein wie möglich mahlen.
Daß Sie diese 70 dag nicht gleich beim ersten Bio-Laden-Besuch mahlen ließen, liegt daran, daß es optimal ist, Getreide immer „frisch" zu mahlen. Vitamine siechen schnell dahin. Je „jünger" das

Mehl bzw. der Schrot, umso mehr gesunde Vitamine enthält es bzw. er.

Sie eilen mit dem taufrisch Gemahlenen heim und tun es, nebst einem Teelöffel gemahlenem Kümmel, einem Teelöffel Salz und 1/4 l lauwarmem Wasser zum Sauerteigerl.

Und nun wird alles gut durchgemischt. Das geht am leichtesten mit der Küchenmaschine oder auch mit den Knethaken eines leistungsfähigen Handmixers, etwas mühseliger auch mit einem bloßen Kochlöffel. Nimmt sich der klebrige Teig „homogen" aus, fettet der Sohn eine Kastenform ein und füllt den Teig rein, wobei er ihn ein bißchen drückt und auch die Oberfläche schön glättet. Dann tut er ein Tuch über die Kastenform und stellt sie für eineinhalb Stunden ins Warme.

Nach dieser Zeit wird die Oberfläche des Teiges Risse aufweisen, das gehört sich so.

Und nun kommt die Kastenform ins auf 250 Grad vorgeheizte Backrohr, auf die zweite Einschubleiste von unten.

Nach 15 Minuten reduziert Ihr Sohn die Hitze auf 200 Grad, nach weiteren 45 Minuten holt er – mit zwei sehr dicken Topflappen – die Kastenform aus dem Backrohr raus, stürzt das Brot aus der Form, packt es mit den zwei Topflappen und stellt es wieder ins Rohr auf den Backrost. Diesmal ohne Form, und mit der Oberseite nach unten. So legt sich unser schönes Brot in zehn Minuten noch eine resche Kruste zu.

Seien Sie bitte kein ängstlicher Papa! Lassen Sie ruhig auch diese brandheiße Sache den Sohn erledigen. Selbst eine kleine Brandblase auf einem Finger ist leichter zu ertragen, als ein Papa, der einen für zu patschert hält, männliche „Goldmarie" zu spielen.

Dann ist das Brot endgültig fertig, aber anschneiden sollte es der liebe Sohn erst zwölf Stunden später. Reicht ja auch, wenn er in der Wartezeit hin und wieder an seinem selbstgebackenen Brot schnuppert. Das wird seinen Gusto drauf steigern und ihn zudem davon überzeugen, daß es auf Erden bessere Gerüche gibt als die, die ihn irrigerweise so „anheimeln", wenn er seine Mac-Filiale betritt.

Für den Fall, daß dem Sohn das Brotbacken so gut gefällt, daß er es demnächst wiederholen will, ist es nützlich, vom Brotteig, bevor man ihn in die Form tut, ein tennisballgroßes Stück abzuzwacken.

Das abgezwackte Teigstück wälzt man in Mehl, tut es in eine Moccatasse, legt Klarsichtfolie drüber und stellt es in den Kühlschrank. Das ist dann der „Sauerteig" fürs nächste Brot. Und er hält sich gut und gern drei Wochen lang.

Nicht Jäger, Sammler sei der friedliche Mensch!

Wenn die Beute minimal war…

Schwammerlsuchen ist eine wunderschöne Freizeitbeschäftigung, man ist mit der Natur so verbunden wie sonst selten, vergißt auf alle Alltagsprobleme und Feiertagssorgen und jagt nur mehr, dem Trüffelschweine gleich, hinter den raren Objekten seiner Begierde her.
Allerdings werden die Zeiten halt auch für den Schwammerlsucher immer bitterer und karger, es wächst nimmer gar so üppig im Tann, und was da noch wächst, holen sich oft unverschämte Menschen, einem lohnenden Nebenerwerb nachgehend, in aller Herrgottsfrühe; manchmal so zeitig des Morgens, daß sie mit Taschenlampen zwischen den verwunderten Baumstämmen rumgeistern.
Und der arme Hobby-Sucher streift dann zu weit schicklicherer Tageszeit durch die Wälder mit aufgewühltem Boden und darf sich, dem noch in der Waldesluft sanft hängenden, würzigen Duft nachschnuppernd, ergrimmt sagen: „Da hat heute schon wer seine Beute gemacht!"
Mit zwei, drei Handerl voll vermischter Waldpilze heimzukehren, wenn man von einem großen Rucksack voll kleiner, edler Herrenpilze geträumt hat, ist natürlich etwas frustrierend. Aber es ist wirklich kein Anlaß, der Ehefrau mißmutig die paar Schwammerln hinzuwerfen und zu sagen: „Tu's halt in die Erdäpfelsuppe rein!"

Nichts gegen eine mit Schwammerln perfektionierte Erdäpfelsuppe, aber selbst aus den kleinsten Pilz-Kleinigkeiten lassen sich auch andere herrliche Speisen machen. Und ein paar besonders mühelose und wohlschmeckende folgen nun!

Wenn man zwei, drei Handerl voll allerliebster kleiner Eierschwammerln heimbringt, empfiehlt sich:

Erdäpfel mit Eierschwammerlsauce

Dazu brauchen Sie für vier Esser als Vorspeise oder zwei Esser als Hauptspeise:

4 sehr große Erdäpfel (jeder so 20 dag schwer),
15 dag Eierschwammerln,
1 Eßlöffel Olivenöl,
1 Zecherl Knoblauch,
1 ordentlicher Bund Petersilie,
1/4 l Schlagobers,
4 Schnitten Frühstücksspeck (am besten den, der „Bacon" heißt) und natürlich etwas Salz und Pfeffer.

Sie waschen die vier Erdäpfel und bürsten sie dabei gut ab, und dann kochen Sie sie in Salzwasser weich. Dann schneiden Sie jedem Erdapfel – der Länge nach – eine Kappe ab und höhlen ihn vorsichtig mit einem Teelöffel aus.
Die Eierschwammerln waschen und putzen Sie, schneiden sie in kleine Stücke und braten diese Stücke in Olivenöl an.
Die Petersilie-Blatterln zupfen Sie von den Stengeln, hacken sie kurz und klein und mischen sie unter die angebratenen Schwammerln.
Was Sie aus den Erdäpfeln rausgeholt haben, zerdrücken Sie mit einer Gabel.
Das Schlagobers kochen Sie kurz ein bißchen auf, dann mischen Sie das zerdrückte Erdäpfel-Innere und die Schwammerln dazu, schmecken mit etwas Salz und Pfeffer ab und füllen das Gemisch in die ausgehöhlten Erdäpfel, wobei sich bei jedem Erdapfel ein „Gupf" ergibt.
Jeden Erdapfel belegen Sie nun mit einer Scheibe „Bacon" bzw. Frühstücksspeck.
Dann tun Sie Ihre vier gefüllten Erdäpfel in eine eingefettete feuerfeste Form und schieben die Form ins heiße Backrohr rein.

250 Grad Ober- und Unterhitze wären gerade goldrichtig. Die Erdäpfel bleiben solange im Rohr drinnen, bis sie Ihnen knusprig überbacken erscheinen, wenn Sie nachschauen.
Zusammen mit einem knackigen Salat und einem kühlen Bierchen ist das ein wirklich fabelhaftes Nachtmahl, das allen Frust über die karge Ausbeute im Nu weggeblasen hat.

Wenn Sie zwei Handerln voll wunderschöner, kleiner Steinpilze gefunden haben, empfiehlt sich in aller Schlichtheit für Sie und einen sehr lieben Menschen als kleine Vorspeise:

Steinpilz-Carpaccio

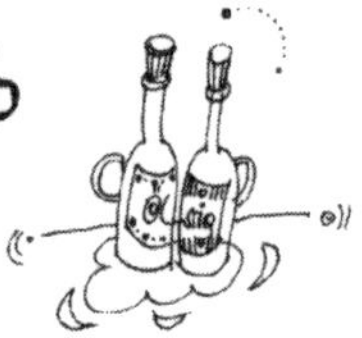

Dazu sind nötig:
Die minimale, aber kernige Steinpilz-Ausbeute,
etwas Weinessig,
etwas Olivenöl,
ein paar Kräuter, ganz nach Belieben,
etwas frischer Parmesan.

Und so geht's:
Sie schneiden die Steinpilze auf dünne Scheiberln und arrangieren diese Scheiberln auf zwei Tellern. Nicht übereinander, sondern nebeneinander.
Aus dem Essig, dem Öl und den Kräutern mischen Sie eine Art Marinade, und die tropfen Sie, schön gerecht verteilt, über die aufgelegten Pilz-Scheiberln. Dann raspeln Sie vom Parmesanstück ein Häuferl grobe Parmesanspäne runter, streuen die auf die marinierten Pilz-Scheiberln und dem edlen Vorspeisengenusse steht nichts mehr im Wege.

Unnötig zu sagen, daß sich edle Pilze auch gern in Gemeinschaft mit edlem Essig und edlem Öl verspeisen lassen. Aber beim Öl würde ich kein besonders „schmeckertes" nehmen, damit es sich nicht vordrängelt im Geschmack.

Wenn Sie drei oder gar vier Handerln voll edle, kleine Steinpilze gesammelt haben, empfiehlt sich:

Bandnudeln mit Steinpilzen

Nudeln und Steinpilze passen so gut zusammen, daß Sie schalten und walten können, wie es Ihnen beliebt.

Schlichteste Art:
Die Steinpilze in etwa 3 mm dicke Scheiben schneiden, die Scheiben in reichlich Butter anbraten, salzen, pfeffern, mit gehackter Petersilie vermischen, und auf die Nudeln geben.

Etwas üppigere Art:
Ebenso wie bei der schlichten Art verfahren, aber nebstbei in einem Töpfchen etwas Schlagobers unter Rühren „einkochen", so lange, bis es nur mehr das halbe Volumen hat, dafür aber wesentlich dicker geworden ist.
Und dann das eingedickte Obers unter die gebratenen Steinpilze mischen und das Gemisch auf die Nudeln tun.
In das gekochte Obers ließe sich auch noch geriebener Parmesan einrühren.

Noch etwas üppigere Art (eventuell auch dann angebracht, wenn die Handerl recht kleine waren):
Man verfährt wie bei der üppigen Art, mischt aber noch ein paar junge, gekochte Erbsen und ein paar Schinkenstreiferl dazu.

Wenn Sie ein gutes Viertelkilo vermischte, eßbare Schwammerl eingesammelt haben, unter denen sich leider ein paar weniger schöne Exemplare befinden, dann empfiehlt sich:

Großonkel Ottos Pilzsuppe

Für die brauchen Sie:
1/4 kg oder ein paar Deka mehr Pilze,
2 Schnitten altbackenes Weißbrot,
1 Zwiebel,
1 Zecherl Knoblauch,
5 dag Butter,
1/8 l Weißwein, etwas Petersilie
und 15 dag fetten Schinken.

So suppenkochen Sie:

Sie putzen und waschen
Ihre Pilze und schneiden sie auf Scheiberln.
Sie würfeln das weiße Brot,
Sie hacken die Zwiebel und den Knoblauch klein,
Sie würfeln den fetten Schinken.
Zuerst rösten Sie die Brotwürfel in der Butter an,
dann tun Sie alle anderen Zutaten dazu.
Nun schütten Sie 1 l Wasser drauf und 1/8 l Weißwein hinterher.
Dann lassen Sie das Ganze eine halbe Stunde köcheln, und nachher tauchen Sie den Pürierstab rein und mixen alles kurz und klein.
Hierauf schmecken Sie das Süppchen mit Salz und Pfeffer ab und streuen noch gehackte Petersilie darüber.

Und wenn Sie erstaunlicherweise soviele Steinpilze gesammelt haben, daß Sie die gar nicht auf einmal aufessen können, und wenn Sie von getrockneten Steinpilzen ohnehin schon reichlich gehortet haben, dann empfiehlt sich die Erzeugung von Pilzen im Sud.

Eingelegte Pilze

SIE BRAUCHEN:

3/4 kg kleine, feste Steinpilze
1/4 l Weinessig
1/4 l Weißwein
3/8 l Olivenöl
2 Zecherln Knoblauch
2 kleine Zwieberln
Salz
8 Pfefferkörner
4 Gewürznelken
2 Lorbeerblätter
eine gute Prise Thymian
eine gute Prise Rosmarin

SIE WERKEN FOLGEND:

Die Zwieberln schälen und mit den Gewürznelken spicken, also in jedes Zwieberl zwei reinstecken. Essig, Wein und Olivenöl verrühren Sie, geben Salz dazu und die gespickten Zwieberln, die Pfefferkörner, den Thymian, den Rosmarin und die Lorbeerblätter. Nun bringen Sie diesen Sud zum Kochen, schalten, wenn er köchelt, auf kleine Hitze und lassen ihn eine halbe Stunde sanftest köcheln. Während der Sud das tut, reiben Sie ihre Pilze vorsichtig mit

einem weichen Tuch ab. Waschen ist für so feine Schwammerln nicht optimal.
Sind die Pilze sauber, legen Sie sie in die köchelnde Marinade, lassen die Marinade ganz kurz aufwallen, indem Sie auf große Hitze drehen, dann reduzieren Sie die Hitze sofort wieder, tun einen Deckel auf den Topf und lassen die Pilze darunter zehn Minuten ziehen.
Unter „Ziehen" ist gemeint, daß der Sud nicht wallt und nicht blubbert; sondern bloß kleine Luftbläschen vom Topfboden zur Sud-Oberfläche hochsteigen.
Sind die zehn „Zieh-Minuten" um, füllen Sie die Pilze samt dem Sud in ein großes oder mehrere kleine, saubere Gläser, verschließen die Gläser und lassen sie mindestens 24 Stunden stehen. Die Marinade muß ja schön langsam die Schwammerln durchdringen.
Nach 24 Stunden sind die Schwammerl eßbereit. Im Eiskasten aufbewahrt, halten sie sich aber auch drei, vier Wochen lang. Ist aber kaum anzunehmen, daß sich solange niemand an ihnen vergreift, denn zu einem Schinkenbrot oder einem Salamisemmerl sind sie die ideale Beigabe.

PS: Und natürlich ist auch jedes halbe Handerl voll Pilze, kleingeschnitten und angedünstet, hierauf mit verschlagenen Eiern übergossen, delikat.
Und wer gar keine Schwammerl gefunden hat, der kaufe sich halt Champignons. Die braunen, kleinen schmecken am besten.

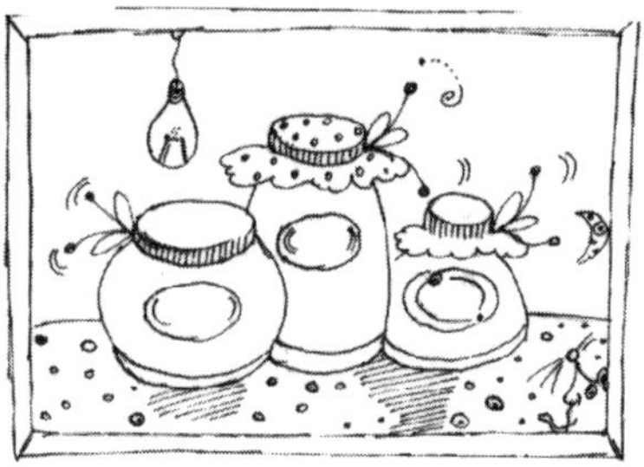

SUPPEN muß man mögen-

(...und einen Suppenkaspar soll man in Frieden lassen)

Der künstlerisch wertvolle Suppenteller-inhalt

Da wir gerade bei einem schönen Pilzsüppchen verweilten, wenden wir nun gleich der Suppen-Produktion unsere volle küchenmäßige Anteilnahme zu!

Es gibt Suppen-Fanatiker und Suppen-Bestreiker.

Wenn Sie zu den Suppen-Bestreikern gehören, dann überblättern Sie das folgende Kapitel einfach. Sie sind nämlich kein stinknormaler Alltagskoch, der sich dem leidigen Ritual „Vorneweg gehört eine Suppe" zu unterwerfen hat.

Und sollten die lieben Menschen, die Sie bekochen, auf gute Supperln aus sein, dann sollen sie sich halt selbst welche zusammenbrauen.

Der gelernte Koch kocht auch perfekt, was er nicht selbst gern ißt. So wie der gelernte Tischler auch Möbel perfekt erzeugt, die ihm überhaupt nicht gefallen, und die Schneiderin Modelle näht, welche ihr völlig untragbar vorkommen.

Unsereiner, als Kochlöffel-Autodidakt, schafft solches profimäßiges Werken eher nicht.

Wir werden ziemlich unsensibel, wenn wir kochen müssen, wonach unserem Gaumen nicht der lechzende Sinn steht.
Wer Fisch nicht einmal riechen, wer Leber nicht einmal angreifen, wer Suppe nicht einmal sehen mag, der sollte Fisch, Leber und Suppe auch nicht in sein Küchen-Repertoire aufnehmen.
Nur wer ein gutes Süppchen wirklich liebt, und dazu noch auf einigermaßen unübliche Suppenfreuden aus ist, vertiefe sich also in die folgenden Seiten, auf denen sich recht erstaunliche Suppen versammelt haben.

Eiskaltes, knallrotes Sommersupperl

Dieses mundet dem Menschen vor allem an sehr heißen Sommertagen, und es schmeckt am besten, wenn man wirklich vollreife, fleischige Paradeiser dafür nimmt.
Aber Kinder sowie Alkoholiker auf Entzug sollten sich nicht daran laben, denn im Supperl ist etwas Schnaps.

Zutaten:
1 l Paradeissaft (Aus 1 kg Paradeisern und 1/4 l Rindsuppe gemacht, indem man die Früchte zerschneidet, im Mixer püriert und dann zusammen mit der Rindsuppe durch ein Sieb passiert. Will man sich die Arbeit sparen, kauft man fertigen Paradeis-Saft.), Salz, Pfeffer, 1 Teelöffel Tabasco, 2 Eßlöffel Zitronensaft, 1 Teelöffel Zucker, 1 Teelöffel Worcestershire-Sauce, 7 Eßlöffel Gin, 1 Bund Basilikum und 1/2 Liter Gemüsesaft, fertig in der Dose oder im Glas gekauft.

➜ ZUBEREITUNG:

Paradeissaft und Gemüsesaft verrühren, alle Würzmittel reintun und mindestens eine Stunde in den Eiskasten stellen.

Knapp vor dem Servieren die Basilikumblätter von den Stengeln zupfen, grob zerreißen oder hacken und in die eiskalte Suppe rühren, und schon ist die Sache servierbereit.

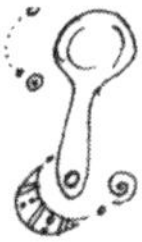

Kalte Schafkäsesuppe

Die tut ebenso an heißen Tagen gut und eignet sich auch für Kinder und strikte Anti-Alkoholiker, aber nur, wenn diese nichts gegen Knoblauch haben.

Notwendig dazu sind:
15 dag Schafkäse von der festen Sorte,
1/2 l saure Milch, 1/4 l Joghurt,
1/16 l Olivenöl,
5 Zehen Knoblauch,
10 dag Sesamkörner,
1/2 Bund Petersilie, 1 Bund Schnittlauch,
2 hartgekochte Eier,
etwas Zitronensaft, Salz und Pfeffer.

ZUBEREITUNG:

Den Schafskäse auf dem Reibeisen fein reiben, mit der sauren Milch und dem Joghurt mittels eines Schneebesens verrühren, dann das Öl nach und nach untermischen, hierauf mit Salz, Pfeffer, zerdrücktem Knoblauch und etwas Zitronensaft würzen und das Gemisch in den Eiskasten stellen.

Nun werden die Sesamkörner in einer dickbodigen Pfanne ohne Fett hellbraun geröstet und zum Auskühlen auf einen Teller geschüttet.

Die Petersilblatterln werden von den Stengeln gezupft und fein gehackt, der Schnittlauch wird fein geschnitten, die Eier werden geschält und klein gehackt, die Suppe wird in Teller verteilt und mit dem Sesam und dem Gehackten und Geschnittenen bestreut.

Kommt Ihnen die Suppe zu dick vor, verdünnen Sie sie mit einem Schluck Mineralwasser.

Rote-Rüben-Suppe mit Kren-Spatzen

Dieses ist ein warmes Süppchen und schmeckt das ganze Jahr über.

Sie brauchen für fünf Portionen dieser Suppe:
2 kg Rote Rüben,
1/4 l Kaffeeobers,
Salz, Kümmel, Pfeffer, Zitronensaft,
1/4 l saurer Rahm,
2 Eßlöffel Mehl.

Und für 15 Kren-Spatzen:
8 dag zimmerwarme, (aber noch feste) Butter,
1 Ei,
8 dag Brösel,
6 dag glattes Mehl,
2 dag gerissenen Kren,
1 Eßlöffel gehackte Petersilie,
etwas geriebene Muskatnuß und Salz.

Die Produktion:

Die Roten Rüben werden gewaschen, geschält, in kleine Stücke geschnitten und in einer Saftzentrifuge entsaftet. Ist Ihnen das zu mühselig, oder haben Sie so eine Saftzentrifuge gar nicht, dann kaufen Sie eben nicht zwei Kilo Rote Rüben, sondern im Reformhaus eine Flasche Rote-Rüben-Saft.
Jedenfalls brauchen Sie zum Kochen 3/4 l Rübensaft!
Dieser Saft wird mit dem Kaffeeobers verrührt, auf kleiner Flamme

zum Köcheln gebracht. Zehn Minuten etwa soll es dann sanft köcheln, hierauf wird mit Salz, Pfeffer, Kümmel und Zitronensaft abgeschmeckt. Der saure Rahm wird mit den zwei Eßlöffeln Mehl versprudelt und unter Rühren in die dunkelrosa Brühe geleert.
Ein halbes Minuterl soll nun das Supperl noch wallen, damit es kein bißchen mehlig schmeckt, dann ist es fertig.
Wenn Sie zu guter Letzt noch den Stabmixer reintauchen und gehörig durchmixen, wird es das, was man „locker aufgeschlagen" nennt.

Nun zu den Kren-Spatzen:
Sie rühren die Butter mit den Quirlen des Handmixers cremig, je kleiner das Schüsselchen, das Sie dafür nehmen, umso leichter geht's.
Dann rühren Sie das Ei ein, hierauf nach und nach die Brösel, das Mehl, den gerissenen Kren und die gehackte Petersilie. Mit Salz, Pfeffer und Muskat würzen Sie.
Jetzt bringen Sie reichlich Salzwasser zum Sieden. So an die zwei Liter, mit einem Eßlöffel Salz.
Sprudelt das Salzwasser gehörig, schalten Sie die Hitze ein bißchen zurück, und dann stechen Sie mit einem nassen Löffel von der Spatzen-Masse Nockerln in der Größe ab, daß sich 15 Stück davon ausgehen, und lassen Nockerl um Nockerl ins Wasser gleiten.
Damit die Nockerln nicht am Löffel kleben bleiben, schwenken Sie den Löffel nach jeder Nockerl-Ablage im Salzwasser. Sieben Minuten sollen die Kren-Spatzen im sanft köchelnden Wasser bleiben. Dann werden sie mit einem Loch-Schöpfer rausgeholt und schön gerecht auf die Teller, in denen schon die rote Suppe wartet, verteilt.

Kürbissuppe

Diese Suppe ist, wie man in Wien sagt, „watschen-einfach", man braucht allerdings Zeit für sie. Ein bißchen mehr als zwei Stunden sind nötig, aber in dieser Zeit müssen Sie nicht unentwegt schuften, da können Sie auch Kreuzworträtsel lösen, einen Streit vom Zaune brechen oder sich schöne Gedanken machen.

Für vier bis sechs Portionen bedarf es:
1 kg Fleischknochen vom Rind,
Salz, 1 Bund Suppengrün, 1 Teelöffel Pfefferkörner, 2 mittlere Zwiebeln, 2 Lorbeerblätter,
1 kg Kürbis (netto, also Schale und Kerne entfernt),
3 dag Butter,
1 Prise Zucker,
weißer Pfeffer aus der Mühle,
5 dag Pinienkerne,
1 Bund Dille,
1/8 l Crème fraîche (es geht auch saurer Rahm).

UND NUN ZUM SUPPENWERK:

Die Knochen in 1,5 Liter gesalzenem Wasser zum Kochen bringen. Das Suppengrün putzen, also blitzblank schaben, waschen und in Stücke schneiden, mit den Lorbeerblättern und den Pfefferkörnern zu den köchelnden Knochen geben, zusammen 1 Stunde und eine halbe bei offenem Topf sieden lassen.

Danach die Brühe durch ein Sieb in einen anderen Topf schütten. Sie sollten etwa 1 l Brühe kriegen. Ist Ihnen zuviel verdampft, füllen Sie mit Wasser auf 1 l auf.
Während die Brühe geköchelt hat, haben Sie die Zwiebeln geschält und fein gewürfelt und das Kürbisfleisch in kleine Würfel geschnitten.
Die Zwiebelwürfel dünsten Sie in der Butter glasig, schütten die Kürbiswürfel dazu und dünsten sie auch an, dann leeren Sie das Angedünstete zu der abgeseihten Brühe. In dieser wird alles nun 15-20 Minuten gekocht, so lange bis die Kürbiswürfel ganz weich sind.
Nun muß wieder unser unentbehrlicher Stabmixer her. Mit ihm pürieren Sie die Suppe, aber nicht total! Sie hören auf, wenn noch ein paar Kürbisbröckerln zu sichten sind, dann schmecken Sie mit Salz, Zucker und Pfeffer ab.
Die Pinienkerne rösten Sie in einer Pfanne mit dickem Boden, ohne Fett, goldbraun. Die Dille schneiden Sie fein und rühren sie unter die Suppe.
Wenn Sie die Suppe bereits auf Teller verteilt servieren, bestreuen Sie jede Portion mit ein paar von den Pinienkernen und tun in die Tellermitte einen Klacks Crème fraîche. Oder Sie servieren die Suppe im großen Pott und reichen Pinienkerne und Crème extra, zur gefälligen Selbstbedienung.

Vom Salat, der unter der Erde wächst

Der Salat der Wiener!

Gegessen wird er ja regelmäßig, aber meist wird er bar aller Hochachtung behandelt, unser lieber Erdäpfelsalat. Da einigt man sich etwa partnerschaftlich, ob man Schnitzel bäckt, Steaks brät oder Würstel kocht, und dann fragt einer so nebenbei: „Und was machen wir dazu?"

Und dann sagt der andere: „Na, einen Erdäpfelsalat halt!"

Und da schwingt total ungerechterweise so ein Ton mit, der andeutet: Tut mir leid, was Besseres fällt mir im Augenblick nicht ein.

Würden Köche jedoch dem Erdäpfelsalat soviel freundliche Aufmerksamkeit zuwenden, wie ihm gebührt, wäre es eher umgekehrt. Da würde man sich darauf einigen, Erdäpfelsalat zu machen und nebenbei zu fragen: „Und was machen wir dazu?"

Wobei dann bei den besonders einfallsreich gemixten Erdäpfelsalaten als passende Antwort kommen würde: „Reicht ja auch ein Semmerl!"

Ganz allgemein zuerst:

Die Erdäpfel für den Salat sollten speckige sein. In Wien schätzt man dafür besonders die „Kipfler", aber warum man das tut, ist mir ein Rätsel, denn die sind derart „speckig", daß sie sich weigern, von der guten Marinade etwas aufzunehmen, und von einer Erdäpfelscheibe im Salat erwarte ich mir, daß sie ein wenig Marinade aufgesogen hat.

Mehlige Erdäpfel würden hingegen Marinade wie ein Schwamm

aufsaugen, und zerfallen würden sie auch leicht, und man hätte statt Salat sauren Bröckelbrei, so von der Art, wie ihn die Fischhändler neben den rausgebackenen Kabeljau auf den Papierteller pappen.

Wenden wir uns zuerst einmal den lieben Erdäpfelsalaten zu, die als Beilage zu gekochten und gebratenen Würsten ebenso wunderbar passen wie zu gebratenem oder gebackenem Fisch, Fleisch und Geflügel.

Erdäpfelsalat mit Speck und Thymian

ZUTATEN:
- 3/4 kg kleine Erdäpfel
- 15 dag schön durchwachsener Speck
- 15 dag Zwiebeln
- 1 Bund frischer Thymian
- 3 dag Butter
- 1 saurer Apfel
- SALZ
- 5 Eßlöffel Öl
- 2 Eßlöffel Weinessig
- frisch gemahlener Pfeffer
- eventuell ein paar Salatblätter zum Garnieren

Die Erdäpfel in der Schale kochen und etwas auskühlen lassen.
Den Speck in Mini-Würferl schneiden, die Zwiebel schälen, ebenfalls in Mini-Würferl schneiden, die Thymianblättchen von den Stielen zupfen.
Die Speckwürferl bei sanfter Hitze ausbraten, die Zwiebelwürferl und die Butter zugeben, fünf Minuten glasig andünsten.
Die Hälfte der Thymianblätter zugeben.
Den Apfel schälen und etwas größer würfeln, ins Dünstende reinrühren, noch zwei Minuten garen, dann vom Herd nehmen.
Die Erdäpfel schälen, in dünne Scheiben schneiden und mit etwas Salz bestreuen.
Aus Essig, Öl, Salz und Pfeffer die Marinade rühren und die Erdäpfel darin vorsichtig wenden.
Wenn Sie Salatblätter haben, legen Sie diese nun hübsch zierlich auf Portionsteller, und dann plazieren Sie die marinierten Erdäpfel gehäuft in die Salatblätter-Nester rein.
Nun mischen Sie die restlichen Thymianblätter unter Ihr Gedünstetes, dann schmecken Sie es noch ein wenig mit frisch gemahlenem Pfeffer ab und tun das Abgeschmeckte gerecht verteilt über die Kartoffelscheiben in den Nestern.
Wenn Sie nicht im lahmen Schneckentempo vor sich hin gearbeitet haben oder zwischendurch kochferner Tätigkeit nachgingen, müßte diese edle Salatspeise jetzt lauwarm sein.
Und exakt mit dieser Temperatur sollte sie auch zu Tisch kommen!
Aber auch kühl schmeckt dieser Salat noch vortrefflich.

Erdäpfelsalat mit Sauerampfer

Sie brauchen:
1 kg Erdäpfel,
15 dag Senfgurken,
2 Bund kleine Radieschen,
10 dag Zwiebel,
1/4 l Rindsuppe (geht auch aus Würfel),
3 Eßlöffel Essig,
6 Eßlöffel Öl,
Salz, Pfeffer und
2 Handvoll Sauerampferblätter.

Die Erdäpfel werden in der Schale gekocht, etwas abgekühlt, geschält und in dünne Scheiben geschnitten.
Die Senfgurken werden auch in dünne Scheiben geschnitten, ebenso die kleinen Radieschen.
Die Zwiebel wird geschält, längs halbiert und auch in Scheiben geschnitten, dann kommt sie in eine Schüssel.
Nun wird die Suppe aufgekocht und über die Zwiebel gegossen. Dazu kommen jetzt Essig und Öl, und sind die untergerührt, kommen die Erdäpfelscheiben dazu, dann zieht das Gemisch 15 Minuten vor sich hin.
Während es vor sich hinzieht, sortieren Sie aus den Sauerampferblättern eventuell unansehnliche aus; den schönen Rest zupfen Sie von den Stielen, falls die Blätter sehr groß sein sollten, schneiden Sie sie kleiner, dann mischen Sie sie samt den blättrig geschnittenen Radieschen und den Senfgurken unter den Salat.

Erdäpfel-Sellerie-Salat

Dazu sind nötig:
1/2 Sellerieknolle und Salz,
4 Eßlöffel Zitronensaft,
1/2 kg kleine Erdäpfel,
2 Eßlöffel Senf,
ein gutes Stamperl Weinessig,
Pfeffer, 1 Teelöffel Zucker,
10 dag Zwiebel,
1/10 l Öl,
15 dag kleine Zucchini,
1 Bund junge Zwieberln,
1 Bund Dille,
1 Bund Petersilie und,
wenn Sie ihn kriegen
oder im Garten haben,
ein Handerl voll Kerbel.

Die Sellerieknolle waschen Sie, tun sie in einen passenden Topf, bedecken sie mit Wasser, in das Sie den Zitronensaft und etwas Salz geben. Dann kochen Sie die Knolle eine halbe Stunde lang, wobei auf dem Topf ein Deckel sein sollte.

Ist die halbe Stunde um, holen Sie die Knolle aus dem Topf. Sobald sie nimmer brennheiß ist, also von zarten Männerhänden gehalten werden kann, wird sie geschält und gesechstelt.

Die Erdäpfel werden in der Schale gekocht, dann geschält.

Senf, Essig, Salz, Pfeffer und Zucker werden in einer Schüssel mit einer Gabel verrührt.

Die Zwiebel wird geschält und klein gewürfelt, dann kommt sie unter das Senf-Essig-Salz-Pfeffer-Zucker-„G'machtl", und hierauf wird das Öl reingeschlagen, und ist es drinnen, kommen – schön langsam – noch ein paar Löffel vom Wasser dazu, in dem die Sellerieknolle weich wurde.

Die Zucchini, die Erdäpfel und die Sellerie-Sechstel werden in dünne Scheiben geschnitten und vorsichtig, damit sie auch Scheiben bleiben, in die Salatsauce gemischt.

Etwa eine Stunde lang will das Vermischte nun durchziehen.

Ist die Stunde um, werden die jungen Zwieberln geputzt. Der Bart wird weggeschnipselt, und der weiße und der hellgrüne Teil jeder Jungzwiebel wird in feinste Ringerln geschnitten. Das Dunkelgrüne lassen wir weg, das mundet nicht. Die diversen Kräuter werden feinst gehackt.

Kurz vor dem Servieren werden dann die Zwiebelringerl und die gehackten Kräuter noch unter den Salat gemischt.

Erdäpfelsalat mit Senfmayonnaise

Sie brauchen für etwa sechs gute Portionen:

1 kg Erdäpfel,
1 mittlere Zwiebel,
1/8 l Rindsuppe (geht auch aus Würfel),
1 Eßlöffel Essig (Sherryessig macht sich da besonders gut),
etwas Salz,
ein Eigelb,
1 Eßlöffel Zitronensaft,
1/8 l Öl (eher geschmacksneutrales Pflanzenöl),
4 Eßlöffel scharfer, körniger Senf,
1/8 l Joghurt,
4 Eier und
1 Handvoll Schachterl-Kresse (super-optimal wäre freilich echte, frische, am Bach gewachsene Frühlingskresse. Aber wer hat die schon?).

Die Erdäpfel in der Schale kochen, die Zwiebel schälen und fein würfeln, die Suppe heißmachen.
Die Zwiebelwürferl in die heiße Suppe geben, mit Salz und Pfeffer und Essig pikant abschmecken.
Die gekochten Erdäpfel schälen, in die abgeschmeckte Sauce scheiberlweise reinschneiden. Die Schüssel zudecken und den Inhalt auskühlen lassen.
Während er auskühlt, den Eidotter mit dem Zitronensaft verrühren. Tun Sie das in einem engen Gefäß, in einer breiten Schüssel würde sich so ein einzelner Dotter ziemlich „verloren" vorkommen.
Nun nehmen Sie den Handmixer, setzen die Quirle ein, tauchen

diese in den zitronierten Dotter, schalten ein und lassen, zuerst tropfenweise, dann in einem dünnen Strahl, das Öl reinrieseln.
Ist das ganze Öl drinnen, kommen der Senf und das Joghurt dazu, dann kosten Sie diese Mayonnaise und schmecken sie, je nach individuellem Gusto, mit Salz ab.
Die marinierten Erdäpfel tun Sie nun in ein Sieb und lassen sie ordentlich abtropfen. Wenn Sie das Sieb ein bisserl beuteln, geht's rascher.
Dann mischen Sie die abgetropften Erdäpfel in einer Schüssel mit der Senf-Mayonnaise.
Und die vier Eier haben Sie inzwischen auch schon wachsweich gekocht. Waren es schöne, große Eier, haben die, vorsichtig in kochendes Wasser eingelegt, dazu acht Minuten gebraucht.
Danach wurden sie unter kaltem Wasser „abgeschreckt".
Jetzt müssen Sie die Eier nur noch abschälen, vierteln und auf dem Salat nett verteilen und, als abschließende Tat, die Kresse drüberstreuen.

Erdäpfelsalat mit Basilikum-Mayonnaise

Für eine größere Runde, etwa acht Leute, brauchen Sie:
1 1/2 kg Erdäpfel,
6 Eier,
10 dag Zwiebel,
4 Paradeiser,
1 Doserl Sardellenfilets (5 dag Einwaage),
3 Eßlöffel Weinessig,
je 1 Teelöfferl Zucker und Salz
3/4 kg fleischige Paradeiser,
2 dicke Büschel Basilikum,
1 knapper Becher Joghurt,
2 Eßlöffel scharfer Senf,
2 Dotter,
1 Eßlöffel Zitronensaft,
1/8 l Öl,
weißer Pfeffer,
5 dag Kapern und ein paar Salatblätter.

Die Erdäpfel kochen, die sechs Eier hart kochen (ins siedende Wasser gelegt, dauert es acht Minuten), dann abschrecken, schälen und achteln.
Die Zwiebel schälen, fein würfeln, die Sardellenfilets aus dem Öl holen und auf ein Stück Küchenpapier legen, damit dieses das überschüssiges Öl aufsaugt.
1/4 l Wasser mit dem Essig, dem Zucker und dem Salz drei Minuten aufkochen.
Die Erdäpfel schälen, auf Scheiberln schneiden und in den warmen Essigsud geben, die Zwiebelwürferl dazutun.

Von den Paradeisern die Stielansätze mit einem spitzen Messerl kegelförmig rausschneiden, dann die Paradeiser auf dünne Scheiben schneiden.
Die Basilikumblätter von den Stengeln zupfen, ein paar schöne zur Seite legen, die anderen in ein enges Gefäß tun, das Joghurt drüberleeren und mit dem Schneidestab des Handmixers ein grünes, cremiges „G'machtl" daraus pürieren.
Dann die Quirle in den Handmixer tun und in einem anderen engen Gefäß den Senf, die zwei Eidotter und den Zitronensaft verquirlen, hierauf zuerst tropfenweise, dann in dünnem Strahl, das Öl zugeben.
Ist das Öl drinnen, das Joghurt-Basilikum-G'machtl reinmischen und mit Salz und Pfeffer würzen.
Die Erdäpfel aus dem Sud holen, falls der nicht eh zur Gänze von ihnen aufgesaugt wurde, und unter die grüne Mayonnaise mischen.
Eine Platte mit den Salatblättern auslegen. Den Erdäpfelsalat in die Mitte tun, Paradeiser, Eierachtel und Sardellen optisch nett darauf oder drumherum arrangieren, Kapern und die zurückbehaltenen Basilikumblätter drüber streuen.

Erdäpfelsalat, total beschwipst

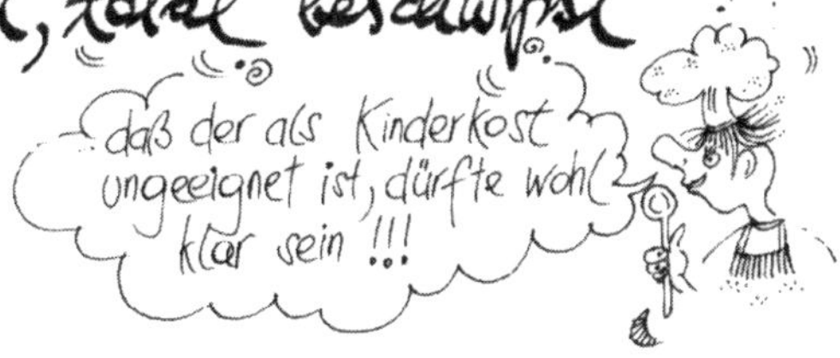

FÜR 4 PORTIONEN BRAUCHEN SIE:

3/4 kg Erdäpfel
1/8 l reschen Weißwein
1 ordentliches Stamperl Wodka
etwa 3 cm einer dicken Krenwurzel
3 Eßlöffel Öl
3 Eßlöffel Essig
15 dag Gewürzgurken

Die Erdäpfel wie üblich kochen, schälen und in Scheiben schneiden. In der Salatschüssel Wein, Wodka, Pfeffer und Salz verrühren. Den Kren abschälen und fein reiben und druntermischen. Den Essig und das Öl dazurühren.

Die geschnittenen Erdäpfel noch warm in diese Marinade geben und sie darin auskühlen lassen, dabei zwischendurch gelegentlich die Erdäpfel ein bisserl wenden.

Die Gewürzgurkerln zuerst der Länge nach in Scheiben schneiden, und dann die Scheiben wieder der Länge nach in schmale Streifen schnipseln. Sind die Erdäpfel ganz abgekühlt, werden die Gurkenstreifen untergehoben.

PS: Wer bescheiden ist, nimmt diesen Salat nicht als Beilage, sondern als Hauptspeise. In diesem Fall nimmt er aber noch Rinderzunge oder Mortadella, schneidet auch die in Streifen und tut sie drüber.

Und nun ein Erdäpfelsalat, zu dem man als Beilage wirklich nur ein Semmel braucht.

Thunfisch-Erdäpfelsalat

An Zutaten braucht es für drei starke oder vier schwache Esser:

1/2 kg Erdäpfel,
2 Dosen Thunfisch „naturell" (also nicht in Öl eingelegten, sondern im eigenen Saft gegarten),
1 Paket Tiefkühlerbsen (ob eine kleine oder eine große Packung, hängt von Ihrer Erbsenliebe ab),
1 Bund Frühlingszwieberln,
2 hart gekochte Eier,
2 Eßlöffel Kapern,
8 Sardellenfilets (auf Küchenpapier abgetropft),
2 Eßlöffel Weinessig und 1/8 l Öl.

Die Erdäpfel kochen, schälen und auf Scheiben säbeln, den Thunfisch in einem Sieb abtropfen lassen, die Erbsen nach Anweisung kochen, auch abtropfen lassen.
Die Zwieberln in Ringe schneiden (das Dunkelgrüne nicht nehmen!).
Die Eier halbieren, die Dotter rausholen und mit den Kapern, den Sardellen und dem Essig gemeinsam zerdrücken, dann unter ständigem Rühren mit den Quirlen des Handmixers das Öl unterrühren.
Das Eiweiß auf Streifen schneiden.
Den zerpflückten Thunfisch, die Erdäpfel, die Erbsen, die Zwiebelwürfel und die Eiweißstreifen mit der Sauce gut vermischen. Fertig!

Und zum Abschluß der Erdäpfelsalate kommt noch ein sehr edler und nicht gerade billiger!

Erdäpfel-Shrimps-Salat

Dazu sind für drei bis vier Portionen nötig:
3/4 kg Erdäpfel,
3 Eßlöffel Olivenöl,
1 Kräutersträußlein aus Lorbeer, Thymian und Petersilie,
2 Teelöffel Senfkörner,
2 Teelöffel ganzer Kümmel,
Pfeffer,
2 Bund Schnittlauch (im Falle von geizigen Gemüsehändlern auch drei),
4 Eßlöffel Senf (mittelscharf),
4 Eßlöffel Öl,
4 Eßlöffel milder Essig,
etwas Zucker,
10 dag fetter Speck,
1/4 kg Shrimps (auf feine Würfel geschnitten) und
grüner Salat.

UND SO GEHT'S:

Die Erdäpfel werden unter viel fließendem Wasser abgebürstet und dann mit der Schale in Scheiben geschnitten.
Nun kommen sie in eine Pfanne rein und werden mit etwa einem Liter Wasser bedeckt. (Sollten sie bereits mit weniger Wasser bedeckt sein, reicht das natürlich auch.)
Nun streuen Sie Salz ins Wasser, dazu tröpfeln Sie das Olivenöl,

streuen auch die Senfkörner und den Kümmel rein und legen das Kräutersträußchen obendrauf.
Dann kochen Sie die Erdäpfel ungefähr 12 Minuten, ohne dabei einen Deckel auf die Pfanne zu legen. Und dann schieben Sie die Pfanne vom Herd, streuen schön gleichmäßig etwas Pfeffer auf die Erdäpfel und lassen ihnen reichlich Zeit zum Auskühlen. Diese Zeit verwenden Sie dazu, den Schnittlauch in kleine Röllchen zu schneiden und aus Senf, Essig, Öl und einer Prise Zucker eine glatte Sauce aufzuschlagen. Das geht am besten mit einer Gabel in einem flachen Teller.
Außerdem braten Sie in einer schweren Pfanne den zu kleinen Würferln geschnittenen Speck knusprig aus und holen die Speck-Grammerln aus dem Fett heraus.
Sind die Erdäpfel ordentlich abgekühlt, kommen die Schnittlauchröllchen rein, die Speck-Grammerln und die Krabbenwürfel. Diese Mixtur verteilen Sie nun gerecht auf drei beziehungsweise vier Teller, und dann gießen Sie ein Drittel beziehungsweise ein Viertel der Sauce über je ein Salathäuferl.

Viele, viele Seiten über die Erdäpfelsalate zu schreiben, aber alle anderen Salate nicht abzuhandeln, ist natürlich total einseitig-subjektiv-ungehörig!

Aber bitteschön:
Wie der Mensch die grünen, gelben, roten oder sonstwie farblich gezüchteten Salatblätter zu marinieren beliebt, ist derart unterschiedlich, daß man nicht autoritär der ureigenen Geschmacksrichtung den Vorrang geben sollte.

Ich persönlich neige sehr dazu, den Salat zwar brav in der Küche zu putzen, zu waschen und trocken zu schleudern, aber alles weitere meinen lieben Essern selbst zu überlassen. Ich bin nämlich bei einer Mutter großgeworden, die grünen Kopfsalat stets nur in sehr viel stark gezuckerter Essiglimonade auf den Tisch brachte. Und da es damals in unseren ärmlichen Kreisen nicht üblich war, zum Essen überhaupt erwas zu trinken, meine Mutter aber gern reichlich vom Salze nahm, stillten meine Schwester und ich unseren Durst nach dem Mahle mit dieser Essiglimonade, obwohl wir stets darauf hingewiesen wurden, daß uns das „Wimmerln" eintragen werde.

Nun, wer fast zwanzig Jahre an solchen Salat gewöhnt wurde und ihn auch gern mochte, der sollte anderen Leuten keine Vorschriften über Salat machen. Viel Zucker, kein Zucker, Schüssel nur mit Knoblauch ausgerieben oder zehn Zecherln reingeschnitten, Senf dazu oder auch nicht, Öl wie ein Kaiser, Essig wie ein Bettler, oder umgekehrt, heiße Speckwürfel, Joghurt mit Schnittlauch..... das ist alles so möglich für den einen wie unmöglich für den anderen, und niemand sollte da Richter sein!

WAS AUS DEM MEER (oder auch dem Zuchtbassin) KOMMT!

Kleine, für Kochbuchautoren eher rare Beichte

Fische sind enorm gesund, falls sie nicht in vergifteten Gewässern gelebt und noch mehr Blei als die Muttermilch in sich haben, oder gar nahe bei einem versunkenen, atombetriebenen U-Boot rumschwammen und daher strahlen wie ein alter Junghans-Wecker mit Radiumzeigern.

Fische, ob aus Flüssen, Seen, Meeren oder Zuchtbottichen (in denen es so eng wie in Sardinenbüchsen ist) sind wahnsinnig wohlschmeckend, butterzart im Fleische, besonders leicht verdaulich, zudem fettarm. Und wenn sie schon Cholesterin in sich haben, dann meistens eines, das rätselhafterweise – so wie bei der Makrele – das Cholesterin in des Essers Blut senkt, oder wenigstens das „gute" Cholesterin, was immer das exakt sein mag, mehren, und überhaupt...

Aber ich wäre ein grundverlogenes Stück, würde ich Ihnen jetzt die diversen Fischerl, Krusten- und Schalentiere in allerhöchsten Tönen anpreisen, denn ich gehöre zum gar nicht geringen Teil der einheimischen Bevölkerung, der Fisch nur dann ißt, wenn es unbedingt sein muß, also wenn er nette Gastgeber nicht gröblichst beleidigen will.

Obwohl sich ja eigentlich die netten Gastgeber auch langsam merken könnten, daß ich keinen Fisch mag. Ist irgendwie nicht ganz nett, daß denen das immer erst dann einfällt, wenn ich in ihrem Vorzimmer den Mantel ablege. Da kriegen sie plötzlich ein betretenes Gesicht und stammeln: „Jessasna, du ißt ja keinen Fisch, was tun ma' denn jetzt?"

Wodurch sie mich nicht nur zum Fischessen nötigen, sondern auch noch dazu, daß ich höflichkeitshalber so tun muß, als hätte ich meine Fisch-Abneigung gerade gestern abgelegt, und wäre geil drauf, meinen Nachholbedarf zu stillen.

Warum ich dieses Geschmacks-Manko aufweise, weiß ich leider nicht genau. Ich vermute, es rührt daher, daß meine Oma stets nur „Polnischen Karpfen in weißer Sauce" machte, und dann in dem alten, schwarzen Reindl aus der dicken grauen Mehlsuppe grausliche Karpfengräten büschelweise drohend rausragten. Und weil mich diese Oma hartherzig dazu zwingen wollte, von dem Grauszeug zu essen und mir mit viel Überzeugungsgeplapper den gefüllten Löffel unter die Nase hielt. Wobei mir natürlich Fischgeruch in selbige stieg.

Und seither kann ich Fisch eben nicht riechen, denn er riecht für mich nach Zwang und nach kindlich-verzweifelter Hilflosigkeit!

Und was man so gar nicht riechen kann, mag man auch so gar nicht essen.

Übrigens: Mein allerliebster Leib-Koch, der Besitzer des Lokals, wo ich zu 99% esse, wenn ich es nicht daheim oder bei Freunden tue, sagt: „Wenn man im Restaurant riecht, daß am Nachbartisch Fisch gegessen wird, kann das kein frischer Fisch mehr sein!"

Wie auch immer, da ich eine freundliche Frau bin und mit Fischliebhabern lebe (weder meinem Mann noch meinen Töchtern wurden je Suppenlöffel voll grätenverdächtigem Karpfen unter die Nase gehalten), bereite ich natürlich auch oft Fisch zu, aber ich esse dann nicht mit.

Und die paar Fischrezepterln, die nun folgen werden, sind die einfachsten unter denen, die meinen Essern besonders gut munden.

Schollenfilet in Orangensauce

Sie brauchen für zwei Portionen:
36 dag Schollenfilet,
Saft einer halben Zitrone,
1/4 l Orangensaft,
1/4 l Wasser, Salz.

Und noch:
1/8 l Orangensaft,
1/8 l Weißwein,
Saft einer halben Zitrone,
eine Orange,
und Salz.

Die Orange schälen Sie über einem Teller mit einem sehr scharfen Messer und zwar so, daß alles Weiße wegfällt.
Dann schneiden Sie die Orangenfilets aus den Zwischenhäuten und legen die Filets zur Seite.
Nun pressen Sie aus dem verbliebenen, ohnehin tropfenden Orangen-Skelett noch den restlichen Saft in den Teller rein, dann gießen Sie den Saft vom Teller in ein Töpfchen um, tun den Saft der halben Zitrone dazu, den Weißwein und etwas Salz und 1/8 l Orangensaft und stellen das Töpfchen auch zur Seite.
Die Schollenfilets vierteln Sie der Länge nach so, daß Sie aus jedem vier schmale, spitz zulaufende Streifen erhalten.
Den Saft der anderen halben Zitrone, 1/4 l Orangensaft, das Wasser und etwas Salz tun Sie in eine Pfanne und erhitzen das Gemisch bis knapp vor den Siedepunkt, also bis Bläschen vom Pfannenboden hochsteigen.

Dann legen Sie ihre Schollenstreifen ins heiße Gebräu rein, aber nur eine Minute. „Ziehen lassen", nennt man das.
Hierauf holen Sie die Fisch-Streifen raus und stellen sie warm. Das Rausholen geht am besten mit einer Schaumkelle, das ist so ein flacher, löchriger Schöpfer. Haben Sie keinen solchen, müssen Sie halt vorsichtig mit zwei Löffeln hantieren. Aber echt vorsichtig, Fischfilet zerfällt leicht, und wir wollen ja kein Fisch-Orangen-Gulasch servieren.
Nun greifen Sie wieder zum Töpfchen!
Auf größter Hitze, damit es hurtig geht und die Fischstreifen nicht lange warm gehalten werden müssen, kochen Sie den Töpfcheninhalt auf die Hälfte ein. Ist es soweit, schmecken Sie das Soßerl noch mit etwas Salz und Pfeffer ab, gießen es dann über die Fischstreifen und legen die Orangenfilets hübsch verteilt drauf. Ob Sie auch noch Pfeffer drauftun, ist Geschmackssache. Einer meiner Esser zerdrückt reichlich grünen Pfeffer und bröselt ihn zwischen die Orangenfilets seiner Portion, was allerdings ein anderer meiner Esser mit „Gaumen wie ein Reibeisen" kommentiert.
Dazu paßt körniger Reis und Blattsalat bestens.

Lachs in Safransauce

Für zwei Esser sind nötig:
30 dag Lachsfilet ohne Haut (schauen Sie, daß Sie ein Schwanzstück ergattern, beim Schwanze, den er reichlich bewegt, ist der Lachs weniger fett, als um den Bauch rum),
1 Eßlöffel Butter,
1 Schalotte (ersatzweise ein großes Frühlingszwieberl),
1/8 l sehr trockener Weißwein,
2 Messerspitzen gemahlener Safran, besser ein paar Safranfäden (weil man da sicher sein kann, daß es echter ist),
4 Eßlöffel Obers
ein paar Tropfen Zitronensaft,
Salz und weißer Pfeffer.

Zuerst einmal tasten Sie das Filetstück äußerst aufmerksam nach Gräten ab. Fühlen Sie unter den Fingerspitzen Spitzes, dann raus damit! Und zwar mit einer Pinzette. Ihre Frau Gemahlin hat sicher eine zum Augenbrauenzupfen, die ist passend. Dann schneiden Sie das Filet auf 3 cm breite Streifen und die auf 3 cm Würfel.
Eine Kochplatte heizen Sie auf mittlere Hitze vor.
Die Schalotten schälen Sie und hacken sie auf feinste Würferl.
Eine passende Pfanne buttern Sie aus, Sie verschmieren also den Löffel Butter auf dem Pfannenboden.
Darauf streuen Sie, gut verteilt, die Schalottenwürferln.
Das Safranpulver oder die Safranfäden tun Sie in das Obers und rühren ein bißchen drin rum.
Die Lachswürfel salzen Sie ein wenig und legen sie, hübsch nebeneinander, in die gebutterte Pfanne. Auf die Pfanne kommt nun ein

passender Deckel, und dann wird sie auf die vorgeheizte Kochstelle gestellt.

Dort steht sie dann zwei bis drei Minuten, oder auch vier, falls Sie Lachs, wenn er innen noch etwas „glasig" ist, nicht mögen.

Obwohl er „glasig" angeblich am besten schmeckt.

Ist die von Ihnen gewählte Garzeit um, holen Sie die Lachswürfel aus der Pfanne und stellen sie warm. In den ausgetretenen „Dünstfond" gießen Sie das Safran-Obers, rühren durch, schalten auf größte Hitze, lassen ein wenig „wallen", würzen dann noch, wenn nötig, mit etwas Salz, Pfeffer und Zitronensaft nach und gießen das gelb gewordene Soßerl über die Lachswürfel.

Auch andere edle Fische lassen sich in Safransauce machen. Aber dann würde ich die Dünstzeit der Fischwürfel doch etwas länger halten und vorschlagen, nach fünf Minuten den Deckel zu lüften, einen Würfel rauszuholen, durchzuschneiden und nachzuschauen, ob er durch ist. So kann nix schiefgehen!

Zanderfilet in Strudelteig

SIE BRAUCHEN FÜR 4 ESSER.

1 Doppelpackung tiefgekühlter Strudelteig (der geht besser zu verarbeiten, als der, der nur im Kühlregal liegt),
8 kleine Zanderfilets zu 10 dag (kriegen Sie nur große, dann nehmen Sie 4 Stück à etwa 20 dag und halbieren sie der Länge nach),
1/4 l trockener Weißwein,
2 Scheiben einer ungespritzten Zitrone,
1/2 Zwiebel,
2 Lorbeerblätter,
ein paar Pfefferkörner und Wacholderbeeren,
ein bisserl Schnittlauch,
2 Salbeiblätter,
1 Karotte, 2 Lauchstangen, Salz,
ein paar Tropfen Worcestershire-Sauce,
1 Ei, Butterflöckchen und
ein Stück Backpapier für das Backblech.

...UND SO GEHT'S:

Den Strudelteig lassen Sie auftauen.
Die Zanderfilets untersuchen Sie nach Gräten und entfernen etwaige, vom Fischhändler ignorierte, mit einer Pinzette.
Die Zwiebel schälen Sie und schneiden sie in grobe Stücke.
Weißwein, Pfefferkörner, Salz, Wacholderbeeren, Zwiebelstücke, Schnittlauch, Salbei- und Lorbeerblätter und Zitronenscheiben

kochen Sie in einer Pfanne auf, dann legen Sie die Zanderfilets ein, tun einen Deckel auf die Pfanne, schalten die Kochstelle ab und lassen die Filets ziehen.

Haben Sie E-Herd-Platten, die lange brennheiß bleiben, ziehen Sie die Pfanne von der Kochstelle weg. Sonst „zieht" der Fisch nicht bloß, sondern köchelt munter weiter, was ihm gar nicht guttäte. Nach einer Viertelstunde holen Sie die Filets aus dem Sud und legen sie auf Küchenpapier zum Abtropfen.

Die Karotte putzen Sie und schneiden sie längs auf Scheiben, und die Scheiben säbeln Sie auf lange Stifterl.

Von den Lauchstangen nehmen Sie nur die weißen, gelben und zartgrünen Teile, die halbieren Sie auch der Länge nach und schneiden sie auf lange, dünne Streifen.

Die Karottenstifterln und die Lauchstreiferln legen Sie in ein Sieb. In einem großen Topf bringen Sie reichlich Wasser zum Kochen, kocht es, tauchen Sie das Sieb rein und lassen das Gemüse im Sieb eine Minute „blanchieren". Jetzt halten Sie das Sieb zum „Abschrecken" unter kaltes, fließendes Wasser, und dann lassen Sie das Gemüse gut im Sieb abtropfen. Jetzt breiten Sie eins der Strudelblätter auf Ihrer Arbeitsfläche aus, legen ein Butterflöckchen und ein Filetstück drauf, würzen es mit Worcestershire-Sauce, legen ein Viertel vom vermischten Gemüse drauf und ein zweites Filetstück aufs Gemüse.

Dann wickeln Sie um den „Fischfilet-Sandwich" den Strudelteig, als ob Sie ihn locker in Papier verpacken würden.

So verfahren Sie mit den restlichen Filets, und wenn Sie Ihre vier eingewickelten Pakete fertig haben, legen Sie ein Stück Backpapier auf das Backblech und tun die vier Pakete drauf. So, daß die eingeschlagenen Teigränder auf der Unterseite sind. Dann versprudeln Sie das aufgeschlagene Ei in einem Häferl, nehmen einen Küchenpinsel und bestreichen die Oberseiten der Pakete mit Ei. Haben Sie keinen Pinsel, müssen Sie Ihre Finger nehmen!

Ihr Backrohr haben Sie bereits zur Zeit, als Sie mit dem Fisch-Sandwich-Machen anfingen, auf 200 Grad Ober- und Unterhitze vorgeheizt.
Nun schieben Sie das beladene Blech ins Rohr rein und lassen Ihre kleinen Fischstrudel cirka zehn Minuten drinnen.
Wenn sie nach zehn Minuten noch nicht knusprig hellbraun glänzen, dauert es halt ein, zwei Minuterln länger.
Mit ein paar Zitronenscheibchen garniert und auf eine hübsche Platte gesetzt, werden Ihre Mini-Strudel bei Tische großen Applaus kriegen.
Erdäpfel mit Petersilie schmecken dazu übrigens vortrefflich. Und klarerweise auch grüner Salat. Aber auch einer unserer netten Erdäpfelsalate würde dazu munden.

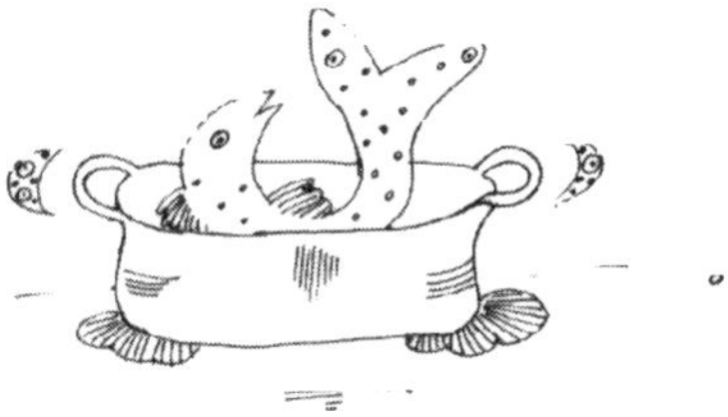

Und abschließend noch ein Rezepterl für alle Köche, die Fisch auch nicht gern riechen und in der Küche „hängenden" Fischduft nicht lieben.
Es ist zudem auch eine gute Möglichkeit, etwa Forellen, Saiblinge oder andere kleine Fische, wenn jedem Esser ein komplettes Exemplar zusteht, für eine große Tafelrunde mühelos hinzukriegen.
Ist ja schließlich nicht der Gipfel der Kochlust, zwölf Saiblinge, die sich in zwei Bratpfannen – wie die Sardinen in der Dose – drängeln, ordentlich durchzubraten. Und besetzt man den Herd mit vier Bratpfannen, hat man keine Kochstelle für die Beilage mehr frei, und außerdem macht es auch wenig Spaß, hinterher vier fischfettige Pfanne zu waschen!

Fischerl im Alupyjama

Man schneide also für jedes Fischerl ein passendes Stück Alu-Folie ab, lege das gesäuberte, in der Bauchhöhle und auf der Außenhaut gesalzene Fischerl drauf, schiebe ihm noch spaßhalber eine halbe Zitronenscheibe und zwei Petersilstengerl in den Bauch, streue ihm, wenn's beliebt, ein paar Frühlingszwieberl-Ringerln auf die Oberseite, eventuell auch kleine Paprika-, Paradeiser-, Zucchiniwürferln, lege ein paar Butterschnittchen dazwischen (oder tropfe Olivenöl drauf), wickle das Fischerl locker in die Folie, verschließe die Folienränder durch „Umkrempeln" fest, lege die verpackten Fischerl auf das Backblech und schiebe sie in den auf 200 Grad Ober- und Unterhitze vorgeheizten Ofen. Sind's sehr kleine Fischerln, bleiben sie 20 Minuten drinnen, sind's ein bisserl größere, 25 Minuten. Und bei Tisch erst wickelt sich jeder seinen Fisch aus der Folie. Na, einfacher geht's wohl nimmer!

Von den Fischen sollten wir uns aber nicht abwenden, ohne ein paar Wörter über den

Fisch-Einkauf

zu verlieren. Gerade beim Fisch ist besonders wichtig, daß er frisch ist. Ein Fisch, der nicht mehr ganz frisch ist, ist noch keineswegs verdorben. Aber er schmeckt halt nimmer gut, und riecht auch recht intensiv. Natürlich gibt es in Großstädten Luxus-Fischhändler, die angeblich stets „frisch eingeflogene Ware" haben. Aber die optimale Fisch-Regel, die besagt, daß Fisch ausschließlich am Tag des Fangs verzehrt werden sollte, die kann heutzutage wohl nur die Familie des Sport-Anglers befolgen.

Fisch-Handlungen und Fisch-Abteilungen der Feinkostläden, die ich kenne, bekommen ihre „frisch eingeflogene Lieferung" alle Mittwoch des späten Nachmittags und bieten sie ab Donnerstag am Morgen der Kundschaft feil. Und die einheimischen Fische werden auch zum selben Termin frisch angekarrt. Weil eben hierzulande immer noch Freitag „Fischtag" ist. Ich neige also dazu, Fisch ab Donnerstag zu kaufen, nie an Montagen, Dienstagen oder Mittwochen.

Wie es Fischverkäufer, dort, wo Sie wohnen, mit der Zulieferung halten, weiß ich nicht. Aber geradliniges Fragen bringt auch meistens eine ehrliche Antwort. Und die brauchen Sie! Denn durch die trennende Glasscheibe können Sie dem auf Eise ruhenden Fisch nicht ansehen, ob er frisch ist. Und auf ein Stück Fisch zu zeigen und zu fordern: „Reichen Sie mir das mal über die Budel, ich möchte dran riechen", ist eher nicht jedermanns Sache. Aber falls es die Ihre ist, tun Sie es ruhig.

Edler Fisch ist heute sehr teuer, da kann man schon berechtiges Mißtrauen artikulieren.

AHA!!!

DARF'S NOCH EIN BISSERL MEHR SEIN?

Eine warme Vorspeise statt dem Süppchen für das feine Menü vorzusehen, oder dieses gar so üppig zu halten, daß man sie noch dem Süppchen voranstellen will, ist nur dann zu empfehlen, wenn man ein großer Stratege und gottbegnadeter Koordinator ist, dem es gelingt, seine Aufmerksamkeit auf die Herstellung von Hauptspeise, Vorspeise und Suppe gerecht zu verteilen; was der männliche Kreativ-Koch, der eher zum Küchen-Chaoten tendiert, sehr selten wirklich kann.

Doch selbst, wenn er es wirklich könnte, mangelt es ihm ja meistens an den nötigen Kochstellen! Auf einer köchelt das Süppchen, auf einer schmort das Fleischerl, auf einer dünsten die Fisölchen, auf der vierten und letzten brodeln die kleinen Erdapferl. Und wo sollen jetzt noch die Croutons fürs Supperl in Butter gebraten, die Buchweizen-Blinis für den Vorspeisenlachs gebacken werden?

Wer sich da nicht in Eigenregie einen supertollen Herd aus dem kochfreudigen Italien importiert hat, so einen mit fünf Elektrofeldern und zwei Gasflammen, der gerät ins panische Wegstellen und wieder Hinrücken und in hilfloses Reindl-Übereinander-Stapeln und wird zum Küchen-Nervenbündel!

Der Lachs schmeckt doch auch mit sanft gebuttertem Toast, und wenn dem Koch der Sinn nach Buchweizen-Blinis steht, dann gibt es eben nur diese! Und hinterher ein Dessert, das der weise Koch schon am Tag vorher gemacht hat, und das nun im Kühlschrank gelassen des Servierens harrt.

Und dort sollte auch, falls eines geplant ist, das gute Supperl, bis auf die letzten Handgriffe fertiggestellt, harren.

So können Sie, egal was als Hauptspeise vorgesehen ist, sich dieser aus vollem Herzen widmen.
Sie wollen Ihren Gästen doch nicht das uralte Lustspiel-Klischee von der „abgerackerten Hausfrau" bieten! Dieses wäre für die Gäste nämlich gar nicht lustig, sondern bloß peinlich. Da würden sie von argen Schuldgefühlen überfallen werden, weil sie ja der Anlaß für die ganze schweißtreibende Rackerei sind!
Gäste haben einen Anspruch darauf, daß ihre Bewirtung völlig mühelos wirkt. Darum begehen Sie auch ja nicht den schwersten Fehler aller kochenden Gastgeber, nämlich den, daß Sie während der Einnahme der Vorspeise oder der Suppe mehrmals aufspringen und in die Küche raus rasen, um nachzuschauen, ob nichts anbrennt, nichts zerkocht, nichts aufspringt und nichts verbrutzelt. Ihre lieben Gäste hocken sowieso bis Mitternacht oder noch länger bei Ihnen herum, die müssen doch an diesem Abend keinen Flieger, keinen Zug mehr erreichen, und „richtig ausgehungert" sind sie auch nur sehr selten!
Daher kann die Pause nach der Suppe oder der Vorspeise ruhig auch eine Viertelstunde dauern, in der Sie dann in aller Ruhe in der Küche die Hauptspeise fertigmachen. Ihre Gäste werden sich schon in dieser Zeit allein unterhalten können. Langweiler, die das nicht schaffen, laden Sie lieber erst gar nicht ein. Im Interesse Ihrer Streß-Freiheit lasse ich die „warmen Vorspeisen" überhaupt unerwähnt und schwärme Ihnen folgend ein von kalten, auch schon am Tag vorher zu fabrizierenden, erlesenen Happen vor.

Grün-Rot-Weiße Happen

Die Happen werden mit Weißbrot serviert. Ob man sie zur italienischen Flagge arrangiert, auf eine rechteckige Platte legt oder einzeln in kleinen Schüsserln zu Tisch bringt, ist Geschmacksache; rein optisch, versteht sich!

SIE BRAUCHEN FÜR EINIGE ESSER:

5 rote Paprikaschoten (nicht die durch Sonnenbestrahlung erröteten einheimischen dünnen Paprikaschoten, sondern die dicken fleischigen, meist aus Holland kommenden...)
einen guten Schluck Rotwein oder zwei
10 Zecherln Knoblauch
2 Eßlöffel Weinessig
8–10 kleine, dünne Zucchini
reichlich Petersilie
1/2 kg weiße Champignons
1 Bund frischer Majoran
reichlich Olivenöl
reichlich Pflanzenöl
SALZ & PFEFFER

Zuerst machen wir das „weiße Drittel".

Die Champignons werden mit einem Tuch zärtlich blankgerieben – waschen ist für Pilze nie sehr gut, da verlieren sie an Geschmack – und dann in etwa 3 mm dicke Scheiberln geschnitten.
Der Boden einer ofenfesten Pfanne oder eine Platte wird mit reichlich Olivenöl bedeckt, die Pilzscheiberln werden „schindelartig" in die Pfanne oder auf die Platte geschlichtet. Nur eine Lage Schindeln sollte dann da liegen, die Pfanne bzw. Platte muß also groß genug bemessen sein.
Dann werden die Pilz-Schindeln mit Salz und Pfeffer und den abgezupften Majoranblatterln, die braucht man nicht extra kleinschneiden, gleichmäßig bestreut.
Nun werden noch ein paar Löffel Olivenöl auf die Pilz-Schindeln geträufelt, dann wird die Pfanne ins vorgeheizte, 220 Grad heiße Rohr reingeschoben. Sie bleibt dort, bis die Pilze „al dente" sind. Ob sie es sind, dafür ist die beste Prüfmethode die Verkostung eines Scheiberls.
Ist es soweit, kommt die Pfanne aus dem Rohr hurtig raus.
In ein passendes Schüsselchen tun Sie einen Eßlöffel weißen Weinessig. Darauf kommen die Pilzscheiberln.
Rühren Sie jetzt kurz und vorsichtig um, dann lassen Sie die Pilze abkühlen.
Lassen Sie die Pilze lieber nicht in der heißen Pfanne erkalten, die Hitze der Pfanne könnte sie nämlich „nachgaren" lassen, und ihr schöner „al dente"-Biß wäre dann dahin.

Nun zum „roten Drittel":

Sie vierteln die Paprika, entfernen die Kerne, schnipseln den Strunkansatz weg und drücken jedes Viertel flach.
Im Backrohr schalten Sie den Grill ein. Auf ein Backblech legen Sie die flachen Viertel - Wölbung nach oben - und schieben das Blech, etwa 10 cm unter den Grillstäben, ins Rohr.
Dort bleibt es, bis sich auf allen Vierteln große schwarze Blasen (möglicherweise auch mehrere kleine) gebildet haben.
Nun holen Sie das Blech raus und breiten, alle blasigen Viertel bedeckend, ein feuchtes Tuch drüber. Unter dem Tuch müssen die Viertel auskühlen. Während sie das tun, schälen Sie ein paar Knoblauch-Zecherln, legen sie in einen Topf mit dickem Boden, geben 1/16 l Olivenöl drauf und etwas Salz und Pfeffer.
Sind die Paprika-Viertel abgekühlt, werden sie enthäutet. Das geht nun hoffentlich kinderleicht mit einem Messerchen. Wenn ein paar Hautflankerl dran bleiben, macht es auch nichts.
Der Topf mit dem Olivenöl kommt auf eine heiße Kochstelle, brutzelt das Öl, legen Sie die gehäuteten Schoten-Viertel rein und wenden sie vorsichtig im Brutzelnden. Sollte auf dem Backblech etwas Paprikasaft schwimmen, tun Sie den auch in den Topf. Dann schalten Sie auf klitzekleine Hitze, schütten den Schluck Rotwein dazu, legen einen Deckel auf den Topf, lassen alles noch zehn Minuten vor sich hindünsten und ziehen dann den Topf vom Herd. Nun wird noch ein Eßlöffel Essig sanft unter die Paprika gerührt, und schon ist „das rote Drittel" fertig.

Das „grüne Drittel":

Sie schnipseln den Zucchini die Spitzerln ab, dann schneiden Sie die dünnen Dinger samt der Schale der Länge nach in etwa 2 mm dünne Scheiben. Die legen Sie nebeneinander auf und streuen Salz darauf. Nach 15 Minuten sind alle Scheiberl „salzschweißgebadet", und Sie tupfen ihnen mit einem Tuch alle Salz-Schweißperlen weg. So vorbereitet werden sie knuspriger.
In einer großen Pfanne machen Sie das Pflanzenöl heiß und legen, wenn es heiß ist, soviele Scheiberln ein, wie nebeneinander Platz haben. Sind die auf der Unterseite goldbraun, werden sie gewendet. Sind sie auf der zweiten Seite auch goldbraun, kommen sie aus dem Öl raus, und die nächste Fuhre kommt rein. Diese Mühsal wird fortgesetzt, bis alle Scheiberln beidseitig goldbraun gebacken sind. Nun zupfen Sie die Petersilblatterln von den Stengeln, hacken sie klein und mischen sie vorsichtig unter die Zucchinischeiberln.
Falls Sie die Frage quält, wie heiß das Öl sein sollte, in das Sie die Scheiberln legen: Das ist in dem Fall nicht gar so wichtig. Junge, schlanke Zucchini können auch roh gegessen werden, müssen also nicht „gar" werden. Ist das Fett sehr heiß, geht das Goldbraunwerden halt schneller.
So heiß, daß es raucht, sollte das Öl natürlich nicht sein. Sonst werden die Scheiberln schwarz, bevor Sie zum Wenden kommen.
Und lauwarm darf das Öl auch nicht sein. Sonst „saufen" sich die Scheiberln mit Fett voll. Zu wenig heiß wäre das Öl, wenn es nicht rund um ein eingelegtes Scheiberl brutzelnd schäumt.

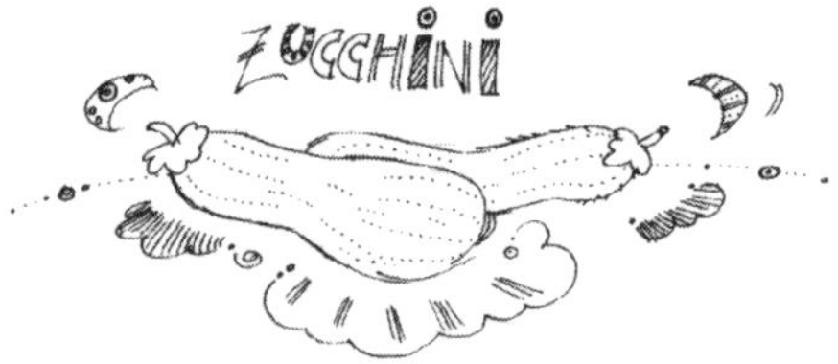

Saure Gupf' mit Matjes

Dazu sind für sechs Esser nötig:
1/2 l Buttermilch, 1/8 l Apfelsaft,
9 Blatt Gelatine, 1/8 l Obers,
1 Eßlöffel gehackte Dille,
3 große Matjesfilets,
2 kleine, saure Äpfel, 1/2 kleine Salatgurke,
1 Teelöffel Zitronensaft,
ein bisserl Öl und wie fast immer: Salz und Pfeffer.

UND NUN DAS SIMPLE WERK:

Sie verrühren mit einem Schneebesen Buttermilch und Apfelsaft, salzen, pfeffern und tun den Zitronensaft dazu.
Das Obers schlagen Sie mit den Quirlen des Handmixers sehr steif.
Die Gelatine legen Sie zum Weichwerden in reichlich kaltes Wasser.
Ist sie glitschig-batzweich geworden, wird sie geschmolzen.
Das geht am deppensichersten, wenn Sie in einem Topf Wasser heißmachen, die glitschigen Gelatineblätter mit der Hand gut ausdrücken, in einen großen Schöpflöffel reintun und diesen Schöpflöffel ins heiße Wasser tauchen.
Klarerweise nur bis zur Hälfte! Sonst würde ja das heiße Wasser zur Gelatine reinsprudeln.
Ist die ganze Gelatine durch und durch flüssig geworden, nehmen Sie den Schöpflöffel aus dem Wasser und tun zwei Eßlöffel vom Buttermilch-Apfelsaft-Gemisch in den Schöpflöffel und verrühren es mit der flüssigen Gelatine.
Dann gießen Sie alles, was im Schöpfer ist, in das Buttermilch-Apfelsaft-Gemisch rein, wobei Sie kräftig mit dem Schneebesen schlagen.

Haben Sie das erledigt, werden die gehackte Dille und das steifgeschlagene Obers vorsichtig „untergezogen", das heißt:
Nicht wild-hektisch im Kreise rühren, sondern den Schneebesen von einer Schüsselwand zur gegenüberliegenden ziehen, wobei der Schneebesen stets mit der Schüsselwand in Kontakt bleibt.
Und damit nicht nur an einer Stelle quer „untergezogen" wird, drehen Sie dabei die Schüssel langsam, um den ganzen Inhalt „zum Zug kommen zu lassen". Scheint Ihnen die Masse in der Schüssel homogen, nehmen Sie sechs Kaffeetassen, spülen sie gut mit kaltem Wasser aus, verteilen die homogene Masse auf die Tassen und stellen die gefüllten Tassen, mit Klarsichtfolie abgedeckt, in den Kühlschrank zum Erkalten und Erstarren.
Knapp vor dem Servieren schneiden Sie die Matjesfilets in 1/2 cm breite Streifen.
Die Äpfel schälen und vierteln Sie, die Kerngehäuse entfernen Sie, dann schneiden Sie die Viertel auf Scheiben und die Scheiben auf Stifte.
Hurtigst beträufeln Sie die Apfelstifte mit Zitronensaft, sonst werden sie unhübsch braun!
Die Gurke halbieren Sie und schaben die Kerne mit einem Löffel raus. Das Verbliebene scheiberln und stifterln Sie ebenfalls.
Dann mischen Sie die Matjesstreifen mit den Apfel- und Gurkenstifterln, salzen, pfeffern und tun ein Häuchlein Öl dazu.
Die Buttermilch-Gupfe stürzen Sie nun auf Teller, wenn sie nicht ganz freiwillig aus den Tassen raus wollen, helfen Sie seitwärts mit einem stumpfen Messer ein wenig nach.
Rund um die gestürzten Gupfe arrangieren Sie die Matjes-Apfel-Gurken-Mischung.
Ein paar Gurkenscheiben könne Sie – falls Ihnen das gefällt – auch noch dazutun. Und wenn Sie mögen, ein paar rote Paradeiser-Schnipsel. Oder Olivenscheiben. Oder was immer Ihnen gefällig und geschmacklich passend erscheint.

Mozzarella-de-Luxe 1kg!!!

Für 12 kleine Portiönchen sind nötig:
1 kg Mozzarella (am besten geeignet ist hier der Stangen-Mozzarella, aber auch der übliche Paket-Mozzarella tut es),
1 Eßlöffel Öl,
1 großer Bund Basilikum,
10 dag Oliven (entkernt),
1/8 l Schlagobers,
3 Blatt Gelatine,
1/4 kg Gervais,
10 dag Pinienkerne,
1 Eßlöffel grüner, eingelegter Pfeffer,
Salz und Pfeffer
und zwecks künstlerisch wertvoller Umrahmung:
5 dag Rucola,
3 schöne Paradeiser,
1 Eßlöffel Olivenöl und
1 Eßlöffel Weinessig.

So basteln Sie die Sache zusammen:

Sie nehmen eine Kastenform, die 2 l faßt, legen sie mit Alufolie aus und streichen dann die Alufolie dünn mit Öl ein.
Das Auslegen der Form mit Folie geht am besten, wenn Sie die Folie zuerst einmal außen um die Kastenform herum, in Fasson bringen. Dann ziehen Sie die Folie behutsam von der Form runter und stecken sie in die Form rein.
Den Mozzarella schneiden Sie in 1 cm dicke Schnitten, die Sie

beidseitig ein bißchen salzen und pfeffern.
Die Oliven schneiden Sie auf kleine Stücke, die Basilikumblätter zupfen Sie von den Stengeln und hacken sie fein.
Das Obers schlagen Sie mit dem Handmixer steif. Die Gelatine weichen Sie in kaltem Wasser ein. Den Gervais salzen und pfeffern Sie, die Olivenstücke, die Pinienkerne, die Pfefferkörner und das Basilikum rühren Sie unter den Gervais. Das geht besser, wenn er nicht eiskastenkalt ist.
Die Gelatine drücken Sie gut aus und schmelzen sie. Wie das am besten geht, ist im Saure-Gupf-Rezept beschrieben.
Dann rühren Sie die flüssige Gelatine in den Gervais und „ziehen" das geschlagene Obers unter. Wie „unterziehen" exakt geht, steht auch auf Seite 114.
Jetzt legen Sie eine Schicht Mozzarella in die Form rein. Arbeiten Sie nicht mit Stangen- sondern mit Kugel-Mozzarella, müssen Sie die Scheiben durch sanften Druck so in Form bringen, daß keine Zwischenräume mehr zu sichten sind. Das geht leicht, denn Mozzarella ist ein nachgiebiger Käse. Aber mehr als ein Drittel vom Mozzarella dürfen Sie dazu nicht verbrauchen. Wird Ihre Kastenform nach oben hin breiter, müssen Sie sogar mit etwas weniger auskommen.
Haben Sie eine Schicht in der Form, streichen Sie die Hälfte der Gervaisfülle gleichmäßig drauf.
Nun kommt das zweite Drittel Mozzarella auf die Fülle. Wieder so dicht an dicht, daß es keine Hohlräume gibt.
Hierauf wird die restliche Fülle aufgestrichen und mit einer Lage Mozzarella abgeschlossen.
Sie breiten Frischhaltefolie über den Mozzarelladeckel und drücken abschließend zart, aber bestimmt, mit der flachen Hand – festigend – auf der Klarsichtfolie rum.
Nun hat die Kastenform 24 Stunden im Kühlschrank zu weilen, um richtig festen Zusammenhalt der Schichten zu erzielen.

Vor dem Servieren dann wird die Klarsichtfolie entfernt und der „Kuchen" auf eine Platte gestürzt. Die Aluhaut wird abgezogen, dafür kriegt er grüne Pfefferkörner und ein paar Pinienkerne obendrauf.

Dann verrühren Sie den Eßlöffel Olivenöl mit dem Eßlöffel Weinessig und mischen das G'machtl mit den Rucolablättern.

Schließlich legen Sie die so marinierten Rucolablätter und die geschnittenen Paradeiser „artig" (so nennt das mein uraltes Lieblingskochbuch) um den gestürzten „Kuchen" rum.

Auf Scheiben schneiden Sie den „Kuchen" bei Tisch, damit die Gäste ein Aha-Erlebnis haben, wenn sie die nette Schichtung des Kunstwerkes entdecken.

Zu guter Vorspeisen-Letzt:

Wer sich vorspeisenmäßig nicht abmühen will, hat heutzutage ein endloses Angebot an Delikatessen, die ihm Gästelob einbringen.
Da ist natürlich der geräucherte oder gebeizte Lachs, wenn's kalorienreich sein soll, mit Oberskren serviert. Wenn's weniger üppig sein soll, mit einer Senfsauce oder sehr linienbewußt mit Dill-Joghurt. Für den Oberskren gibt es viele Rezepte, ich nehme immer das allereinfachste, verzichte auf Essig und sonstige Beigaben, mische nur ein bißchen sehr steif geschlagenes Obers mit reichlich tränentreibendem, frisch gerissenem Kren.
Die allereinfachste Senfsauce erzeugt man, wenn man einen großen Klacks scharfen Senf auf einen flachen Teller tut, ein paar Löffel Öl dazugibt, etwas zuckert, salzt und pfeffert und dann mit einer Gabel solange flach „durchschlägt", bis sich eine dickliche Sauce gebildet hat. Ob Sie dann noch tröpfchenweise sanften Essig reinschlagen, hängt von Ihrem Senf und Ihrem Geschmack ab.
Und die Dille-Joghurt-Sauce ist überhaupt nur gutes Joghurt, vermischt mit reichlich gehackter Dille und nach Belieben gewürzt.

Übrigens:
Wildschweinschinken ist, falls Sie ein Glückskind sind und ihn für teures Geld ergattern, bei Gästen stets „ein Renner". Zu ihm paßt Preiselbeer-Obers gut. Das ist steif geschlagenes Obers, in welches Preiselbeermarmelade gerührt wird. Wenn Sie die Marmelade nicht homogen reinrühren, sondern einen rot-weiß-schlierigen Gupf servieren, wirkt das auch sehr kreativ!

LOB DEN ARMEN WOHLSTANDS-OPFERN!

Vergeßt mir die werten Hülsenfrüchte nicht ganz!

Die guten Hülsenfrüchte, früher einmal für die vielen wenig Wohlhabenden Überlebensretter durch den Winter, sind einfach „out". Und das ist ein rechter Jammer, denn sie schmecken, hübsch kreativ zubereitet, wahrlich nicht nach Armeleutekost, sondern ziemlich herrlich.

Und dazu sind sie ja heutzutage in Dosen überall zu haben, das lästige Über-Nacht-Einweichen kann sich der Blitzkoch also ersparen. Und dieses wäre sowieso nur bei den getrockneten Bohnen nötig. Aber getrocknete Erbsen kriegt man eh nur mehr als Spalterbsen, und als solche bedürfen sie keiner 12-Stunden-Wasserlage. Und auch die getrockneten Linsen, die es jetzt zu kaufen gibt, müssen keineswegs mehr vorgeweicht werden.

Natürlich ist so ein Bohnentopf oder so ein Linsengemüschen keine ganz leichte Kost. Mag ja auch sein, daß der uralte Wiener Spruch „Jedes Böhnchen gibt ein Tönchen..." ein Häuchlein übel duftende Wahrheit in sich birgt. Aber auch anderes, wie etwa der werte Lauch, ist ein gewaltiger Tönchen-Produzent und trotzdem keineswegs in Eßverruf geraten. Riskieren Sie also unverzagt hin und wieder einen Hülsenfrüchte-Genuß.

Wenn Sie nicht gleich drei Teller davon auslöffeln, erfolgt garantiert keine lästige Leibesreaktion.

Und wenn Sie dem köstlichen Schmaus gar nicht widerstehen können und mehrmals den Teller füllen, dann machen Sie halt vor dem Schlafengehen einen kleinen Jogging-Lauf rund um den Häuserblock. Und schon ist wieder alles im Lot!

Bohnensalat mit Sellerie und Mortadella

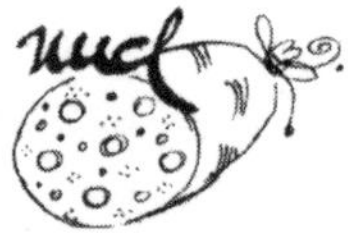

Für sechs bis acht Portionen sind nötig:

40 dag Borlotti-Bohnen (über Nacht in kaltem Wasser eingeweicht),
1 Zweig Salbei,
1/4 l Olivenöl,
30 dag Staudensellerie (mit dem Grünen dran),
30 dag Knollensellerie,
5 Knoblauchzehen,
Saft von 3 Zitronen,
schwarzer Pfeffer, Salz,
40 dag Mortadellawurst (in nicht zu dünnen Scheiben) und
2 Bund Petersilie (falls die Bunde karg sind, dann drei).

UND SO GEHT'S:

Sie weichen zwei Tage vorher die Bohnen in kaltem Wasser ein, und zwar gleich in dem Topf, in dem sie gekocht werden. Am Tag darauf tun Sie einen Teelöffel Salz ins Einweichwasser, den Salbeizweig und fünf Eßlöffel Olivenöl. Und dann garen Sie die Bohnen bei milder Hitze ungefähr 2 1/2 Stunden lang.

Dabei achten Sie darauf, daß die Bohnen immer mit Wasser bedeckt sind. Wird das Wasser im Topf knapp, gießen Sie etwas Wasser nach.

Während die Bohnen kochen, zupfen Sie das Grüne von der Selleriestaude und legen es zur Seite.

Die Staudenstengel schneiden Sie in feine Würfel. Die Sellerieknolle schälen Sie, schneiden sie in dünne Scheiben, die Scheiben schneiden Sie in feine Streifen. Den Knoblauch schälen Sie auch und pressen ihn durch die Knoblauchpresse.

Dann vermischen Sie die Staudenselleriewürferln und die Knollenselleriestreiferln mit dem Zitronensaft dem restlichen Olivenöl und dem Knoblauch. Sind die Bohnen weich, kommen sie in ein Sieb zum Abtropfen und werden dann sofort mit dem marinierten Sellerie gemischt. Sie salzen und pfeffern noch ein bißchen und stellen die Sache über Nacht kühl.

Am nächsten Tag schneiden Sie die Mortadella in Streifen und geben sie zum Salat dazu.

Die Petersilblatterln zupfen Sie von den Stengeln und hacken die Blatterln zusammen mit dem Selleriegrün fein und mischen das Gehackte auch noch unter den Salat. Und der soll dann noch an einem nicht zu kühlen Standplatz ein Stündchen oder zwei gut durchziehen.

Weiß-rote Riesenbohnen

FÜR 5 PORTIONEN BRAUCHEN SIE:

1 große Dose geschälte Paradeiser
2 Zwiebeln
4 Eßlöffel Olivenöl
Salz, Zucker, Cayennepfeffer
2 Dosen Riesenbohnen
1 Bund Petersilie

Sie öffnen die Paradeiserdose und zerschneiden mit einem scharfen Messer – gleich in der Dose – die Paradeiser in große Stücke.
Die Zwiebeln schälen Sie und würfeln sie fein.
Dann dünsten Sie bei schwacher Hitze im Öl die Zwiebelwürfel glasig an.
Nun geben Sie die Paradeiser mit dem Saft dazu, einen Teelöffel Zucker und – je nach Geschmack – ein bis zwei Messerspitzen Cayennepfeffer.
Die weißen Bohnen schütten Sie aus den Dosen in ein Sieb und spülen sie ab. Dann geben Sie sie zu den Paradeisern, mischen gut durch und lassen alles zusammen wieder sehr heiß werden.
Die Petersilienblättchen zupfen Sie ab, hacken sie bloß grob und rühren sie auch unter.
Diese Bohnen passen übrigens nicht nur perfekt zu Geselchtem oder Würsten. Auch zu gebratenem Huhn schmecken sie. Oder zu Fleischlaberln.

Erbsenpüree

Für sechs kleine Portionen brauchen Sie:
1/2 kg Trockenerbsen,
1 Zwieberl,
5 dag Butter,
1/8 l Obers,
1 Selchspeckschwarte (wenn Sie die nicht haben, geht es auch ohne)
und Salz.

DAS WERK:

Die Erbsen ein paar Stunden in viel kaltem Wasser einweichen oder gleich in kaltem Wasser zusetzen.
Wurden sie eingeweicht, dauert die Kochzeit bloß 30 Minuten, wurden sie nicht eingeweicht, verdoppelt sich die Kochzeit.
Ins Kochwasser tun Sie das geschälte halbierte Zwieberl und die Speckschwarte.
Sind die Erbsen – so oder so – weich, kommen sie in ein Sieb zum Abtropfen und werden dann passiert. Mit dem Ding, das man bei uns „Flotte Lotte" nennt und das ein Passiersieb mit Kurbel ist, geht das mühelos. Noch müheloser geht es mit dem Schneidestab des Handmixers.
Und daß Sie vor dem Passieren die Speckschwarte entfernen müssen, ist eh klar, oder?
Dann rühren Sie Salz ein, das warmgemachte Obers und in kleinen Stücken die Butter. Und arbeiten Sie bitte hurtig, sonst kühlt das Püree aus!
Zum Erbsenpüree passen perfekt Zunge, G'selchtes und geselchte Würste natürlich auch.

Linsengemüschen Paradiso

Für vier Leute sind nötig:
1/4 kg Linsen,
1 Lorbeerblatt,
5 dag klitzekleine Speckwürferln,
1 feingehackte Zwiebel,
1/2 l Rindsuppe,
1 Teelöffel Senf,
1 Karotte,
2 Scheiben einer Sellerieknolle,
1/8 l Obers,
1 Teelöffel Weinessig,
Salz und Pfeffer.

Sie braten die Speckwürferln glasig an, geben die Linsen, die Zwiebelwürferln, die Suppe und den Senf dazu, rühren um und lassen alles leise köcheln, bis die Linsen weich sind.
Wie lange das dauert, kommt auf die Linsen an. Meistens reicht eine halbe bis eine Dreiviertelstunde dafür aus.
Während die Linsen weich werden, schneiden Sie die Karotte und die Sellerie auf ganz, ganz kleine Würferln.
Sind die Linsen weich, tun Sie die Gemüsewürferln und das Obers dazu, rühren um und lassen wieder fünf Minuten köcheln.
Dann salzen und pfeffern Sie, tun den Löffel Essig rein, und die Sache ist fertig.
Mit Salz gehen Sie sparsam um, die Suppe ist ja schon salzig und hat Würze an die Linsen abgegeben.

PS: Falls Ihre Linsen mit einem halben Liter Suppe nicht auskommen sollten und bereits im Trockenen liegen, bevor sie weich sind, so gießen Sie etwas Suppe oder Wasser nach, aber immer nur soviel, daß die Linsen nicht anbrennen.
Die Linsen sollen, wenn sie weich sind, relativ trocken sein. Sind sie Ihnen doch zu suppig geraten, so gießen Sie einfach den Überschuß ab, bevor Sie die Gemüsewürfel und das Obers dazutun.

PPS: Statt dem Essig können Sie auch Zitronensaft nehmen, der schmeckt sehr apart. Und vom Senf können Sie etwas mehr nehmen, wenn Sie es speziell apart wollen.

GIBT'S AM END GAR NOCH WAS SÜSSES?

Von den sauren, harten Männern!

Die durch und durch männlichen Macho-Männer, die in meiner Jugendzeit alles Süße strikte ablehnten, wohl um als tolle „Kater" nicht als weibische „Naschkatzen" in Verruf zu kommen, sind längst ausgestorben.

Männer mögen Sweeties nicht minder als Frauen, und sie bekennen sich heutzutage auch hemmungslos dazu.

Aber geht es um die heimische Erzeugung von Süßem, sollten Sie trotzdem bescheiden bleiben, so Sie in diesem Metier ungeübt sind. Um saftige Kuchen, zarte Torten, lockere Aufläufe, flaumige Schnitten und auf der Zunge dahinschmelzende Cremes zu fabrizieren, bedarf es leider halt doch ein bißchen mehr als exakter Anleitung und heftigen Wollens. Der gute Mann, der sich zum Ziel setzt, auf dem Mehlspeisen- und Dessertsektor seinen Küchenmann zu stehen, muß entweder bei einer kundigen Person „vom Zuschauen" und „vom Mithelfen" das Nötige erlernen, oder er beschreitet den mühseligen Weg von „Versuch und Irrtum" und werkt geduldig weiter, bis er alles autodidaktisch so weit in den Griff kriegt, daß die Irrtümer immer seltener und die Erfolge immer häufiger werden. Ich will hier bloß ein paar kleine, feine Desserts als Vorlage bringen, bei denen eigentlich gar nichts schief gehen kann, die aber danach ausschauen, als ob allerhand Kochkunst für sie nötig gewesen sei.

Als erstes Mini-Rezept kommt eines, das wirklich hundertprozentig „hinhaut".

Erdbeeren im Sakko

Sie brauchen:

1/4 kg schöne, reife, eher kleine Erdbeeren (die noch das Grüne mit Stengel drauf haben),
20 dag bittere Kuvertüre (es soll echte Kuvertüre sein, die gibt's auf alle Fälle in diesen speziellen „Tortenbedarfs-Läden"),
eine Tasse Kristallzucker und
1 Eßlöffel geschmacksneutrales Öl.

SO GEHT'S:

Sie waschen die Erdbeeren, lassen sie abtropfen und abtrocknen.
Sie lassen bei ganz kleiner Hitze die zerbröckelte Kuvertüre in einem Reinderl schmelzen.
Sie ölen zwei flache Teller leicht ein.
Sie packen eine Erdbeere am Stengel und tauchen sie, mit der Spitze voran, bis zur halben Höhe in die geschmolzene Kuvertüre. Dann ziehen Sie die getunkte Erdbeere raus, tauchen sie kurz in den Kristallzucker und legen sie auf einen geölten Teller. So verfahren Sie mit jeder Erdbeere. Ist ein Teller voll getunkter Erdbeeren, wandert er in den Kühlschrank, damit dort die Kuvertüre ordentlich fest wird.
Eh klar, daß die Erdbeeren auf den Tellern keinen Hautkontakt haben sollen! Und wohl auch klar, daß dieses Erdbeer-Konfekt keine „Dauerware" ist, sondern bald gegessen werden sollte.

Ingwer-Cremchen

Dazu brauchen Sie:
6-7 dag frischer Ingwer (in abgeschältem Zustand gewogen),
3 Dotter,
5 dag Kristallzucker,
4 Eßlöffel Rum (weißer Bacardi wäre gut),
0,2 l Milch,
4 Blatt Gelatine,
1/4 l Schlagobers,
eine Handvoll Mandelblättchen
und eventuell: Beeren der Saison
und noch eventueller auch Staubzucker und Zitronensaft.

SO GEHT'S:

Die frische Ingwerwurzel schälen Sie ab und reiben sie auf dem feinen Teil des Reibeisen.
Das Obers schlagen Sie mit den Quirlen des Handmixers steif.
Die Dotter und den Kristallzucker rühren Sie auch mit dem Handmixer cremig. Und zwar rühren Sie solange, bis aus der kargen, dottergelben Masse eine weit üppigere, weiß-cremfarbene geworden ist.
Und das Schlagobers haben Sie deshalb zuerst gemacht, weil Sie mit den Quirlen, auf denen noch Schlagobers klebt, zwar unbeschadet die zuckrigen Dotter cremig rühren können, aber zuckerdottrige Quirl im Schlagobers wären – wie man so sagt – kontraproduktiv. Das Obers würde nicht steif werden. Sie müßten also die Quirle vorher sauber waschen.
Den Rum tun Sie in ein Pfanderl, den geriebenen Ingwer tun Sie

dazu, dann erhitzen Sie den Rum. Ist er heiß, flambieren Sie ihn. Das heißt: Sie halten ein brennendes Zündholz dicht an die Oberfläche, worauf der Rum entflammt.

Ein bißchen dürfen Sie in die Flammen starren, dann löschen Sie das Rumfeuer mit der Milch und lassen das Milch-Rum-Ingwer-Gemisch kurz aufkochen, dann ziehen Sie das Pfanderl vom Feuer und rühren die Dotter-Zucker-Creme rein.

Die Gelatine weichen Sie in kaltem Wasser ein.

Nach zwei, drei Minuten ist sie glitschig-weich. Sie drücken sie gut aus und lassen sie ins Dotter-Zucker-Milch-Rum-Ingwer-Gemisch plumpsen und rühren dieses sehr gut durch, damit sich die Gelatine gleichmäßig verteilt.

Extra im Wasserbad auflösen brauchen Sie diesmal die Gelatine nicht, weil Ihr cremiges Gemisch ja noch warm ist, und da löst sich die Gelatine auch so auf.

Etwa ein Drittel vom Schlagobers rühren Sie unter Ihr cremiges Gemisch, den Rest „ziehen" Sie mit einer Schneerute unter. Also nicht wild rühren, sondern behutsam untermengen.

Dann spülen Sie sechs kleine Tassen mit kaltem Wasser aus und füllen das Cremerl in die Tassen. Die Tassen kommen – tunlichst mit Klarsichtfolie abgedeckt – zum Festwerden in den Kühlschrank.

Mindestens eine Stunde, besser aber zwei oder drei Stunden, sollten sie dort bleiben.

Dann füllen Sie ein Schüsselchen mit heißem Wasser und tauchen jede Tasse bis knapp unter den Rand kurz rein. So lassen sich die Cremchen besser stürzen.

Gestürzt werden sie auf kleine Tellerchen. Und schließlich kriegt ein jedes Cremchen noch ein paar Mandelblättchen übergestreut.

Von wegen Farbeffekt und zusätzlicher Gaumenlust können Sie

klarerweise auch noch ein paar Beeren rund um Ihre Cremchen drapieren. Oder ein Viertelkilo Beeren, egal ob Erd-, Him- oder Brombeeren, pürieren, passieren und das Mus mit etwas Zitronensaft und Staubzucker verrühren und dann um die Cremchen rumgießen.

Müsli-Schmaus

Sie brauchen für fünf Portionen:
1/2 l Joghurt,
Saft einer Orange,
2 Eßlöffel Honig,
15 dag Müsli,
5 Blatt Gelatine,
1/8 l Obers,
1 Kiwi und 1 Banane
und eventuell ein paar Kompottkirschen.

SO WIRD'S GEMACHT:

Joghurt, Orangensaft und Honig gut verrühren, das Müsli reinrühren und 1/2 Stunde quellen lassen.

Die Gelatine in kaltem Wasser einweichen, das Obers steif schlagen.

In einen Schöpflöffel etwas vom Müsli-Joghurt tun, den Schöpflöffel so lange bis zur halben Höhe in siedendes Wasser tauchen, bis das Müsli-Joghurt heiß ist.

Dann die Gelatine ausdrücken und reintun, mit einem Teelöffel umrühren, bis sie sich aufgelöst hat. Hierauf alles, was im Schöpflöffel ist, zum restlichen Joghurt-Müsli schütten und mit einem Schneebesen darin verrühren.

Hierauf, ebenfalls mit dem Schneebesen, das Schlagobers vorsichtig unterziehen, bis alles schön homogen wirkt.

Nun eine passende runde Form mit Klarsichtfolie auskleiden. Das ist ein bisserl ein Geduldspiel, weil die Folie meistens lieber an Ihren Fingern als an der Form haftet. Wenn Sie die Form sanft einölen, geht es etwas leichter.

Haben Sie das geschafft, füllen Sie Ihre homogene Masse in die Form ein und stellen diese für gut drei Stunden in den Kühlschrank. Länger drin zu ruhen, schadet dem Müsli-Schmaus natürlich auch nicht.

Knapp vor dem Sevieren dann stürzen Sie die Form, ziehen dem Müsli-Schmaus die Folienhaut ab, teilen das flache Törtchen auf fünf Portionen, tun je eine mit einer Tortenschaufel auf ein Tellerchen und garnieren hübsch mit Kiwi- und Bananenscheiben, sowie – wenn Sie haben – Kompottkirschen.

Arme Ritter
(SO BILLIG, WIE ALT UND GUT!)

Für acht „arme Ritter" brauchen Sie:

3/8 l Milch,
3 Eier,
1 Prise Salz,
1 Messerspitze Zimt,
1 Paket Vanillezucker,
8 Scheiben weißes Toastbrot (ca. 1,5 cm dick),
8 dag Butterschmalz (siehe Seite 33),
5 dag gemahlenen Mohn,
3 dag Staubzucker und
Kompottfrüchte nach Belieben.

SO RITTERN SIE:

Milch, Eier, Salz, Zimt und Vanillezucker mit einem Schneebesen verquirlen.
Den Toastbrotscheiben dünn die Rinde absäbeln, sie dann nebeneinander in ein flaches Gefäß legen und gleichmäßig mit der Eiermilch beträufeln.
Die Brotscheiben einmal wenden, damit die gesamte Eiermilch aufgesogen wird.
Das Backrohr auf 100 Grad vorheizen.
Die Hälfte vom Butterschmalz in einer Pfanne erhitzen, vier Brotscheiben darin bei mittlerer Hitze auf jeder Seite in fünf bis sechs Minuten goldbraun braten.
Haben Sie bloß eine Pfanne, in die nur drei Scheiben reingehen, müssen Sie halt etwas weniger Butterschmalz nehmen und dreimal braten.

Die gebratenen Scheiben halten Sie im Backrohr warm.
Dann kommt die nächste Fuhre mit dem restlichen bzw. dem nächsten Drittel Butterschmalz in die Pfanne.
Sind alle Scheiben beidseitig goldbraun gebraten, werden sie auf ebenfalls im Backrohr gewärmte Teller verteilt, mit gemahlenem Mohn bestreut und mit Staubzucker besiebt.
Und neben die schwarz-weiß bestreuten, besiebten Ritter kommt noch ein Klacks Kompottfrüchte.
Aber eins ist wichtig:
Die Ritter sollten gleich verschmaust werden, sonst verlieren sie ihre Knusprigkeit.

PS: Statt des weißen Toastbrots kann der Gesundheits-Fan natürlich auch Vollkorntoast nehmen.

UND NACH DEM END' NOCH ZUM SCHLUSS!

Vom regelwidrigen, kreativen Versagen

So kreativ ein Mann auch immer sein mag, in einer Hinsicht hapert es bei ihm denn doch meistens.
Beim „Schenken" sind fast alle Männer total überforderte Super-Nieten!
Das Was-schenken-wir-denn-diesmal-Problem schieben sie darum auch gern auf ihre Frauen ab.
Denn Frauen, sagt sich der gelernte Mann, haben auf dem Gebiet mehr kreative Auswahl-Lust, denen macht das Kaufen doch direkt Vergnügen, während es Männer eher frustet; so es nicht um Dinge wie Motorräder, Angelschnüre, Kabrios oder Golfschläger geht. Und dazu haben die Frauen ja noch so lächerliche Fähigkeiten antrainiert bekommen wie die, Pullover zu stricken, Tischdecken zu besticken, Mützen zu häkeln, Blüschen zu nähen oder Krägelchen im Zierstich zu umschlingen. Mit solchen Fingerfertigkeiten läßt sich leicht ein „selbergemachtes Geschenk" zuwege bringen.
Der kreative Mann könnte natürlich - im Sinne dieser Rollenaufteilung - Wandborde tischlern, Vogelfutterhäuschen zimmern, Grillbestecke schmieden und Herrgötter schnitzen. Könnte er ja auch wirklich! Hat er aber leider keine Zeit dazu!
Und so passiert es dann gar nicht selten, daß so ein armer Mann

panisch und in allerletzter Minute „irgendwas zusammenkauft", was weder ihm selbst noch der beschenkten Person gefällt. Und die beschenkte Person legt ihm das dann fälschlicherweise als Mangel an liebender Zuwendung aus, was in Wirklichkeit schiere Hilflosigkeit ist.

Männer, die nicht küchenscheu sind, können ganz leicht allen Was-schenke-ich-Qualen entgehen und sich zum perfekten „Schenker mit der persönlichen Note" mausern. Und dies, ohne dafür soviel Zeit wie zum Herrgötterschnitzen aufwenden zu müssen.

Alles mehr oder weniger Ruck-Zuck-Geschenke, die auf den nächsten paar Seiten angepriesen werden.

Und teuer sind sie auch nicht! Was aber für diese Geschenke, nebst ein paar erschwinglichen Zutaten, unbedingt nötig ist, ist „rechtzeitig vorsorgen". Also nicht erst zwei Stunden vor der Geburtstagsparty drüber nachsinnen, was dem lieben Andi oder der noch lieberen Marie denn dieses Jahr zu schenken wäre.

Andersrum müssen Sie die Sache angehen: Sie bereiten Ihre Küchengeschenke zu, wenn Ihre Freizeit reicht, Lust darauf vorhanden ist und die Zutaten gerade Saison haben! Und dann können Sie, bei allfälligem Bedarf, das Passendste aus dem Vorrat als Geschenk nehmen. Aber selbst für die Herren, die soviel anderes im klugen Köpfchen haben müssen, daß sie an Geschenk-Vorsorge überhaupt nicht denken können, gibt es noch ein paar „Geschenke aus der eigenen Küche", die immer ankommen; besser jedenfalls als der schöne Kugelschreiber, den das Geburtstagskind mit den milden Worten willkommen heißt: „Nein, wie nett, das ist jetzt der zwanzigste Kugelschreiber, den ich von Dir bekommen habe!"

Wenn Sie klug sind, sorgen Sie auch für optimale Behälter vor. Werfen Sie schöne Flaschen und wohlgeformte Gläser (und deren Deckel) nicht weg; auch wenn Frau Gemahlin jammert, daß die Abstellkammer bereits ein Buntglas-Container sei.

Lorbeeressig "Scharfer Alfred"

(WENN SIE ALFRED HEISSEN, ANSONSTEN IHREN NAMEN EINSETZEN)

Sie brauchen für einen Liter Essig:

1 frischer Lorbeerzweig (oder 20 Lorbeerblätter),
1 frischer Rosmarinzweig,
2 Eßlöffel Korianderkörner,
6 Knoblauchzehen,
1 gehäufter Teelöffel getrocknete Chilischoten,
1 l Weinessig und eine schöne Flasche und ein Schildchen.

Für Vorräte müssen Sie die Zutaten entsprechend multiplizieren.

Diesen Essig setzen Sie zuerst mal in einem Gefäß mit großer Öffnung an. Etwa einem großen Gurkenglas. Da rein kommen alle Zutaten, das Gefäß wird verschlossen. So bleibt es zwei Wochen stehen.

Dann fischen Sie den Knoblauch aus dem Essig.

Der Essig hat nun von den Chilischoten eine spürbare, aber geringe Schärfe. Lassen Sie die Schoten weiter im Essig, wird er immer schärfer und kann dann nur mehr tröpfchenweise verwendet werden.

Sobald Sie – je nach ihrem Geschmack – meinen, nun sei der Essig scharf genug, fischen Sie die Kräuterzweige raus und stecken sie in die schöne Flasche, legen ein Stück Mullbinde in den Trichter und gießen den Essig in die Flasche um. Im Mull bleiben die Chiliflankerln hängen, der Essig kann nimmer schärfer werden.

Dieser Essig verträgt Licht, Wickelpapier braucht er nicht, nur das schön geschriebene Schild fehlt ihm noch.

scharfer August
scharfer Ernsti
scharfa Hannes
scharfer Heini
scharfa Rudi
SCHARFER TOBIAS
scharfa LUDWIG
scharfa Isidor
scharfer Theodor
scharfer PAUL
scharfer Anton
Scharfa Walter
Scharfer HUBERT
scharfer Alfred

Jan Alfredo

Selbstgemachte Marmeladen sind natürlich als Geschenk auch immer willkommen. Mit einem einzigen Marmeladen-Töpfchen legt man ja vielleicht nicht allzuviel Ehre ein. Aber sechs hübsche, mit verschiedenen Marmeladen gefüllte Glaserln in einem kleinen Korb, die bringen schon was!

Und wenn Sie für die Deckel der Gläser noch aus lustigen Stoffresterln Überzüge zurechtschneiden und diese mit einem hübschen Bändchen fixieren und dann noch ein handschriftliches Schildchen draufkleben - dann ist der Erfolg sicher!

Mit Gelierzucker Marmelade zu kochen, ist wirklich ein Kinderspiel. Und dazu brauchen Sie überhaupt kein Extra-Rezept. Wie es geht, steht auf jedem Paket Gelierzucker.

Und woraus Sie Marmelade kochen, bleibt ebenfalls Ihrer Kreativität völlig überlassen.

Wenn Sie keine picksüße Marmelade wollen, nehmen Sie Gelierzucker 1 : 2.

Wenn Sie es gern säuerlich haben, tun Sie Zitronensaft zum zerkleinerten Obst.

Wenn Sie es gern schnapsig lieben, kommt zum Schluß ein Schuß Schnaps rein.

Und wenn Sie Mehrarbeit lieben, um damit zu zeigen, was Ihnen die Mitmenschen wert sind, dann machen Sie „kernlose Beerenmarmelade". Da schwitzen Sie sich beim Durchpassieren ordentlich karitativ ab.

Und wenn Sie gern kombinieren, dann versuchen Sie die ausgefallensten Obst-Mischungen.

Richtig daneben kann da nie etwas gehen!

Lorbeerschmalz mit Äpfeln

Das ist ein schönes Geschenksrezepterl, auch noch in allerletzter Stunde zu erzeugen.

Sie brauchen:
1 kg Speck zum Auslassen (Am besten wäre der sogenannte „Putzspeck", das ist der kernige Speck, der dem Schwein dicht am Fleische wächst; den lassen Sie sich beim Fleischhauer faschieren.),
1/2 kg fetter, geselchter Speck,
1/2 kg saure Äpfel und
10 frische Lorbeerblätter.

Den faschierten Speck lassen Sie in einem Topf auf milder Hitze langsam aus. Dabei rühren Sie hin und wieder um. Während er schmilzt, schneiden Sie den geselchten Speck sehr klein.
Schwimmen im Topf dann kleine, knusprige Grammerln in viel flüssigem Schmalz, geben Sie den Speck dazu und warten, bis auch die Selchspeck-Grammerln knusprig sind.
Während Sie darauf warten, schälen Sie die Äpfel, vierteln sie, entfernen das Kerngehäuse und schneiden dann die Viertel auf kleine Würferl. Die kommen nun mit den Lorbeerblättern in den Topf rein.
Nun garen noch die Apfelwürferl drei, vier Minuten, dann füllen Sie das heiße Schmalz in kleine Töpfe um, verteilen die Lorbeerblätter gerecht und lassen alles auskühlen. Deckel drauf, Schilderl auf den Deckel, fertig ist das Geschenks-Schmalz!

GLOSSAR

anheimelnd ... neudeutsch etwa „cosy"

Bratl ... Braten

Budel ... Ladentisch

Büschel ... Bündel, Strauß

10 Deka = 10 dag = 100 Gramm
100 dag = 1 Kilo (kg)

Eiskasten ... Kühlschrank

Eierschwammerl ... Pfifferling

Erdäpfel ... Kartoffeln

Fisolen ... grüne Bohnen

Gatsch ... dünnes G'machtl

Germ ... Hefe

G'machtl ... etwas Zusammengerührtes von dicklicher Konsistenz

G'röstl ... kleingeschnittenes Abgeröstetes

Grünzeug ... Bund Suppengrün

Gupf ... halbkugelförmige Auftürmung

Gusto ... Appetit

Häferl ... Tasse, meistens höher als breit

Haftelmacher ... Ösenhersteller, in Wien eine äußerst aufmerksame Person

Handerl ... Händchen

Hangerl ... Geschirrtuch (weil's am Haken bereit „hangt")

Hendl ... Huhn oder Hahn (der Wiener unterscheidet da beim Essen nicht geschlechtsspezifisch)
nur net hudeln ... bloß nicht hasten
Karotte ... orangefarbenes Rübchen, Möhre
Kren ... Meerrettich
Laberl ... Laibchen, Pflanzl, Bulette, sehr flacher Zylinder
Obers ... Sahne
panieren ... in Mehl, dann in verquirltem Ein, letzlich in Semmelbröseln wenden
Paradeiser ... Paradiesapfel, Tomate
patschert ... ungeschickt
Pfanderl ... Pfännchen
Reinderl ... Topf, breiter als hoch
Schlagobers ... Schlagsahne
schmeckertes Öl ... Öl mit sehr viel Eigengeschmack
Schöpflöffel / Schöpfer ... Schöpfkelle
Semmerl ... Brötchen aus weißem Mehl
stampern ... wegjagen
Staubzucker ... Puderzucker
etwas ist **watscheneinfach** ... es ist ungemein einfach und ohne Probleme zu bewältigen; kinderleicht
Weitling ... Rührschüssel mit zwei Henkel
Wimmerl ... Pickel, Pustel
etwas ist **wurscht** ... es kommt nicht so darauf an; es ist: Jacke wie Hose
wuzeln ... rollen, üblicherweise mit den Fingern
Zecherl ... kleine Zehe, auch minder hübsche Frau

CHRISTINE NÖSTLINGER IM DACHS-VERLAG

FÜR ERWACHSENE

Iba de gaunz oamen Leit

Mit zwei linken Kochlöffeln

Liebe Tochter, werter Sohn

Ein Löffel für den Papa

BILDERBÜCHER

Anna und die Wut (ab 6)

Klicketick (ab 5)

Nöstlinger/Sidibè, Madisou (ab 6)

MINI-REIHE (ab 7)

Mini erlebt einen Krimi

Mini ist die Größte

Mini als Hausfrau

Mini muß in die Schule

Mini und Mauz

Mini fährt ans Meer

Mini trifft den Weihnachtsmann

Mini wird zum Meier

Mini bekommt einen Opa

Mini muß Schifahren

SPANNUNG, HUMOR UND ABENTEUER

ab 8 Jahren

Die feuerrote Friederike / Neubearbeitung!

Liebe Susi/Paul – Oma/Susi

Der liebe Herr Teufel

Der Wauga

Simsalabim

Susis geheimes Tagebuch

ab 10 Jahren

Am Montag ist alles ganz anders

Achtung, Vranek sieht ganz harmlos aus!

Anatol

Austauschkind

Der Denker greift ein

Der geheimnisvolle Großvater

Die Geschichte vom Pinguin

Rosa Riedl Schutzgespenst

Die verliebten Riesen

Echt Susi

Sowieso und überhaupt

ab 12 Jahren

Wetti und Babs